인
생

인생

2017년 1월 5일 초판 1쇄 발행
2024년 7월 1일 초판 8쇄 발행

지은이 박영선
기획 강선
편집 문선형, 정유진
디자인 잔
경영지원 함초아
펴낸이 최태준
펴낸곳 무근검
주소 서울특별시 송파구 올림픽로 4길 17 A동 301호
홈페이지 lampbooks.com **전화** 02-420-3155 **팩스** 02-419-8997
등록 2014. 2. 21. 제2014-000020호
ISBN 979-11-87506-02-7 (03230)

이 도서의 국립중앙도서관 출판시도서목록(CIP)은 서지정보유통지원시스템 홈페이지
(http://seoji.nl.go.kr)와 국가자료공동목록시스템(http://www.nl.go.kr/kolisnet)에서 이용
하실 수 있습니다. (CIP제어번호 : CIP2016030035)

무근검은 '하나님의 영광은 무겁고 오래된 칼과 같다'라는 뜻입니다.

인
생

박영선
지음

무근검

우리는 하나님의 거룩한 뜻과 극진한 사랑으로 신앙 인생의 목적과 동기를 공감합니다. 그러나 신앙 현실은 매우 모호하고 당황스럽습니다. 처음 확인한 거룩과 사랑을 담아내기에는 우리의 현실이 기대한 것과 사뭇 달라 의심과 불안이 우리를 압도하기 때문입니다.

신앙생활에서 가장 중요한 문제는 고난에 관한 것입니다. 고난을 받아들이기 위해서는 신앙에서 진심과 유용성을 생각하기보다는 내가 속한 정황과 나의 정체성을 이해하는 일이 우선되어야 합니다.

하나님은 당신의 거룩과 사랑을 우리 안에 담아 완성하려고 하십니다. 우리에게 수단이나 소모품이 되라고 하시지 않고 우리를 목적과 내용으로 삼으십니다. 그래서 우리에게 그분의 거룩에, 그분이 우리를 사랑하신 것에 응답하라고 하십니다. 하나님은 우리의 기꺼운 항복을 받아 내시기 위해 우리와 씨름하십니다.

고난은 하나님이 우리로 완성의 자리에 이르게 하시는 하나님의 방법으로서 신적 지혜와 진정성이 담긴 그분의 구체적 개입입니다. 형통, 위엄, 진심, 각오 같은 것들은 그것들을 사용할 만한 구체적 인격과 실제적 내용을 가진 다음에야 나오는 것입니다. 우리의 신앙 인생과 현실이 다만 논리나 상상이 아니고 창조요 구원이요 시험이요 후회요 한탄이며 실체요 쌓아서 완성되는 충만인 것을, 그 길을 가는 것이 신앙인 것을 다시 일깨우는 기회가 되기를 바랍니다.

2017년 1월
박영선

차
례

일러두기

● 이 책은 박영선 목사가 2016년 3월 합동신학대학원대학교 개강심령수련회에서
   4회에 걸쳐 한 강의 〈기독교, 그 영광의 정체성〉을 글로 펴낸 것입니다.
● 이 책에서는 개역개정판 성경을 인용하였습니다.
● 성경을 인용할 때, 절의 전체를 인용할 경우에는 큰따옴표(" ")로,
   절의 일부를 인용할 경우에는 작은따옴표(' ')로 표기하였습니다.
● 본문에 《 》로 표기된 것은 도서를, 〈 〉로 표기된 것은 작품을 가리킵니다.

1

배역

우리는 선한 역할을 맡았습니다. 우리는 하나님을 아는 자, 예수를 믿는 자, 하나님의 자녀로 존재하고 있습니다. 악역은 저들대로 있으라고 놔두고, 악이 세력을 갖고 있는 세상 속에서 예수를 믿는 자로 존재하십시오.

13 예수께서 빌립보 가이사랴 지방에 이르러 제자들에게 물어 이르시되 사람들이 인자를 누구라 하느냐 14 이르되 더러는 세례 요한, 더러는 엘리야, 어떤 이는 예레미야나 선지자 중의 하나라 하나이다 15 이르시되 너희는 나를 누구라 하느냐 16 시몬 베드로가 대답하여 이르되 주는 그리스도시요 살아 계신 하나님의 아들이시니이다 17 예수께서 대답하여 이르시되 바요나 시몬아 네가 복이 있도다 이를 네게 알게 한 이는 혈육이 아니요 하늘에 계신 내 아버지시니라 18 또 내가 네게 이르노니 너는 베드로라 내가 이 반석 위에 내 교회를 세우리니 음부의 권세가 이기지 못하리라 19 내가 천국 열쇠를 네게 주리니 네가 땅에서 무엇이든지 매면 하늘에서도 매일 것이요 네가 땅에서 무엇이든지 풀면 하늘에서도 풀리리라 하시고 20 이에 제자들에게 경고하사 자기가 그리스도인 것을 아무에게도 이르지 말라 하시니라 21 이 때로부터 예수 그리스도께서 자기가 예루살렘에 올라가 장로들과 대제사장들과 서기관들에게 많은 고난을 받고 죽임을 당하고 제삼일에 살아나야 할 것을 제자들에게 비로소 나타내시니 22 베드로가 예수를 붙들고 항변하여 이르되 주여 그리 마옵소서 이 일이 결코 주께 미치지 아니하리이다 23 예수께서 돌이키시며 베드로에게 이르시되 사탄아 내 뒤로 물러 가라 너는 나를 넘어지게 하는 자로다 네가 하나님의 일을 생각하지 아니하고 도리어 사람의 일을 생각하는도다 하시고 24 이에 예수께서 제자들에게 이르시되 누구든지 나를 따라오려거든 자기를 부인하고 자기 십자가를 지고 나를 따를 것이니라 (마 16:13-24)

1

마태복음 16장 16절 이하의 기록은 기독교 신앙의 보배와 같은 말씀입니다. 베드로가 '주는 그리스도시요 살아 계신 하나님의 아들이시니이다'라고 고백합니다. 이 고백을 들으시고 예수님은 '너는 베드로라. 내가 이 반석 위에 내 교회를 세우리니 음부의 권세가 이기지 못하리라'라는 약속을 주십니다. 주님이 세우시는 이 교회는 지위와 권세가 너무나 커서 음부의 권세가 이기지 못할 것이라고 합니다. 교회가 땅에서 무엇이든지 매면 하늘에서도 매이고 땅에서 무엇이든지 풀면 하늘에서도 풀릴 것이라고도 하십니다. 예수님은 이어서 자신이 많은 고난을 받고 죽임을 당할 것이라고 말씀하십니다. 그때 베드로가 용감히 나섭니다. "그럴 수 없습니다!"

베드로의 '그럴 수 없습니다'라는 말은 굉장한 발언입니다. 왜냐하면 주인의 목적을 좌절하게 하는 어떤 방해물이 나타나도 제자로서 담대히 나서서 주인을 보호하겠다는, 각오에 찬 대단한 충성의 서약이기 때문입니다. 그러나 베드로는 꾸중을 듣습니다. 예수님은 베드로에게 '사탄아 내 뒤로 물러가라'라고 하십니다. 예수님의 말씀은 베드로의 열심에 어울리지 않는 것 같습니다.

예수님은 '내가 이 반석 위에 내 교회를 세우리니 음부의 권세가 이기지 못하리라'라고 하시고는 '나는 죽어야 한다'라고 말씀을 이어 가셨습니다. 이 말씀에 대한 베드로의 반응은 당연해 보입니다. "주님, 그건 말이 되지 않습니다. 주님은 그리스도이시니 하고 싶은 일을 다 이루셔야 합니다. 오병이어의 기적을 일으키시고 바다를 꾸짖어 잠잠하게 하신 선생님이 죽어야 한다니요. 그러면 죽은 나사로를 살리시고 중풍병자를 고치시며 귀신을 쫓아내신 모든 일은 어떻게 되는 것입니까? 주님, 그런 말씀하시면 안 됩니다" 하고 베드로가 말립니다. 그런데 예수님이 그에게 "사탄아"라고 하셨습니다.

'사탄아, 내 뒤로 물러가라'라는 말씀은 마태복음 4장에서도 나온 적이 있습니다. 예수님이 공생애를 시작하시기 직전에 광야에서 시험 받으실 때 하신 말입니다. '마귀가 또 그를 데리고 지극히 높은 산으로 가서 천하 만국과 그 영광을 보여 이르되 만일 내게 엎드려 경배하면 이 모든 것을 네게 주리라 이에 예수께서 말씀하시되 사탄아 물러가라'(마 4:8-10). 그때 나왔던 저주입니다. 그 저주가 베드로를 향해서도 터져 나온 것입니다. 베드로가 한 말이 무엇이기에, 그냥 "이 미련한 사람아, 이 철없는 녀석아, 이 바보 같은 놈아" 하는 정도에 그치지 않고 "사탄아"라고 하셨을까요?

본문을 보면 예수님의 말씀은 '누구든지 나를 따라오려거든 자기를 부인하고 자기 십자가를 지고 나를 따를 것이니라'라는 구절로 이어지고 있습니다. 예수님은 음부의 권세가 이기지 못하는 교회를 세우시겠다면서 그러기 위해 당신이 죽어야 한다고 하셨습니다. 이에 반발한 베드로를 예수님은 "사탄아"라고 꾸짖으시며, 자기를 부인하고 자기 십자가를 지는 데로 이끄는 제자도를 말씀하신 것입니다. 영광스러운 교회와 자기 부인이 이어지는 이 길을 부정한다면 우리도 사탄이 될 것입니다. 하나님이 놀라운 권세로 하시려는 일들은 예수님이 보이셨듯 십자가, 곧 죽음이라는 방식, 세상이 보기에는 가장 절망적이고 비극적이고 다시 생각하기도 싫은 방식으로 완성된다는 사실을 우리는 잘 이해하지 못합니다.

사람들은 흔히 신앙을 잘잘못이 전부인 윤리, 혹은 치성이나 각오의 문제로 인식합니다. 하나님의 일이 이루어지는 방식도 대개 '지극함'이라는 시각에서 이해합니다. 정성의 지극함, 각오의 지극함을 내세워 하나님이 태초부터 정하신 예수 안에서의 구원의 완성, 창조의 완성 같은 것들을 너무 쉽게 설명합니다. 그래서 예수님의 성육신과 십자가와 부활이, 하나님이 시간과 공간 속에서 우리의 눈물, 피, 노력, 절망, 고통을 통해 일하시는 것으로 실체화되지 못합니다. 지금도 살아 계신 하나님, 아브라함의 하나님, 이삭의 하나님, 야곱의 하나님이요, 예수를 보내신 하나님이 지금 이 자리에 나를 보내신 하나님으로 실체화되지 않습니다. 예수 안에서 일어난 일이 우리 생애 속에서 반복되어 하나님의 일하심으로 우리에게 구체화되는 것을 우리는 잘 모르고 있습니다. 성육신과 십자가와 부활은 지금 우리의 삶 속에서 다시 체험되고 확인되어 우리 삶의 결론을 만드는 것인데 말입니다. 누가복음 22장 24절에 가 봅시다.

2

또 그들 사이에 그 중 누가 크냐 하는 다툼이 난지라 예수께서 이르시되 이방인의 임금들은 그들을 주관하며 그 집권자들은 은인이라 칭함을 받으나 너희는 그렇지 않을지니 너희 중에 큰 자는 젊은 자와 같고 다스리는 자는 섬기는 자와 같을지니라 앉아서 먹는 자가 크냐 섬기는 자가 크냐 앉아서 먹는 자가 아니냐 그러나 나는 섬기는 자로 너희 중에 있노라 너희는 나의 모든 시험 중에 항상 나와 함께 한 자들인즉 내 아버지께서 나라를 내게 맡기신 것 같이 나도 너희에

게 맡겨 너희로 내 나라에 있어 내 상에서 먹고 마시며 또는
보좌에 앉아 이스라엘 열두 지파를 다스리게 하려 하노라
(눅 22:24-30)

예수님은 십자가를 지기 위해 예루살렘으로 올라가시는데 제
자들이 서로 싸우고 있습니다. 예수님이 예루살렘에 입성하
시면 하나님의 나라가 회복되리라 기대하고 있는 제자들은
'누구의 공이 더 큰가?' 하고 서로 비교합니다. 제자들은 예
수님이 곧 하나님의 큰 뜻을 이루어 세상 권세를 파하시고 하
나님의 나라를 보이는 나라로 세우시는 민족적 종교적 과업
을 완수하실 때, 누가 더 크게 인정받을 것인지로 다투는 것입
니다. 예수님은 그들을 향해 이렇게 말씀하십니다. "내 나라
에서는 섬기는 자가 크다. 다스리는 사람은 섬기는 사람같이
되어야 한다." 그런데 우리는 이 말씀을 너무 쉽게 '겸손', '헌
신', '봉사'와 같은 구호로 이해하려고 하기 때문에 이 말씀이
실체화되는 것을 보지 못합니다.

　예수님의 말씀을 두고두고 생각해 보아야 합니다. "너희는
나의 모든 시험 중에 항상 나와 함께 한 자들인즉"(눅 22:28).
제자들이 예수님과 함께한 시험은 어떤 것일까요? 창조주가
피조물 속에 들어와 세상의 정황, 세상의 권력 아래 묶입니다.

무한이 유한 속에 들어와 유한의 질서에 묶인 것, 곧 예수의 생애 자체가 시험입니다. 그분은 무한과 초월과 권력으로 세상에 명령하거나 세상을 복종시키지 않으셨습니다. 주인이신 분이 세상에 들어와 기꺼이 묶이셨습니다. 제자들은 이 시험에 예수님과 함께했던 것입니다.

예수님의 생애를 이해하려면 예수님이 어떤 기적을 행하셨는가, 어떤 말씀을 하셨는가 정도를 보는 데 그쳐서는 안 됩니다. 훨씬 더 중요한 것이 있습니다. 간음한 현장에서 잡힌 여인에게 사람들은 뭐라고 했습니까? 이구동성으로 죽이라고 외쳤습니다. 그렇게 소리 높이는 사람들에게 예수님은 "너희 중에 죄 없는 자가 먼저 돌로 치라"라고 하셨습니다. 예수님이 하신 말씀의 의미를 생각하기에 앞서 예수님 자신이 이런 현장, 이런 세상, 이런 오해와 왜곡과 부패 속에 당신을 묶으셨다는 것을 기억해야 합니다.

예수님은 33년이라는 시간을 보내며 온갖 경우를 겪으셨습니다. 얼마나 억울하고 분하셨겠는가 하는 것은 오히려 부차적인 문제입니다. 예수님은 묶이셨습니다. 어떻게 유한 속에 무한이신 당신을 넣어 놓을 수 있었는지 우리는 이해할 수가 없습니다. 그것이 예수님이 겪으신 시험이었습니다. 이렇게 창조된 세상 속에 자신을 밀어 넣은 창조주가 이번에는 제자들에게 '내 나라를 너희에게 맡긴다'라고 하십니다. 제자들의 삶 또한 그래야 한다는 것입니다.

지금까지 우리가 인생에서 경험했던 온갖 경우와 정황이 무엇을 만들었습니까? 막다른 골목을 만들었습니다. 어딘가 도망갈 데라도 있으면 우리는 가능한 방법을 다 써서 도망을 갔습니다. 더 이상 도망갈 곳이 없어 마지막에 모여든 자리, 성경에서는 그것을 죽음이라고 말합니다. 누구도 더는 도망갈 수 없는 자리, 바로 사망입니다. 사망의 자리에 들어가자 아무도 그 밖으로 벗어날 수 없었습니다. 그런데 거기서 예수님이 온 인류의 운명을 끌어안으십니다. 그리고 부활로 반전을 이루십니다.

창조주가, 구원자가, 심판주가 창조된 세상 속에 들어와 당신을 반대하며 거부하며 기만하는 정황 가운데 스스로를 집어넣어 구원을 이루셨습니다. 그리고 이제 하나님을 아는 자로 특별히 부름을 받은 모든 사람들에게 그와 같은 고난의 정황을 허락하십니다. 이것이 하나님이 기뻐하시며 정하신 하나님의 방법이기 때문입니다. 고난으로 어떤 유익을 얻느냐, 고난이 무엇을 만드느냐는 이차적인 문제입니다. 고난이야말로 하나님이 정하신 하나님의 방법입니다.

'하나님이 말씀으로 천지를 창조하셨다'라는 이야기를 우리는 잘 알고 있습니다. 말씀으로 창조하셨다니 무슨 뜻일까요? 우리는 그 뜻을 충분히 알지 못합니다. 마찬가지로 구세주를 사람의 몸으로 보내셨다, 종의 모습으로 보내셨다, 죄인된 자같이 보내셨다, 마치 자기 죄 때문에 죽는 것같이 십자가에서 죽게 하셨다, 하는 말의 뜻을 우리는 잘 알지 못합니다. 그런데 하나님은 그렇게 일하신다고 합니다. 그것이 예수님에게 큰 시험이었고 우리 모두에게도 큰 시험입니다. 그래서 교회 역사 내내 이 문제를 어떻게 푸느냐가 중요한 문제가 됩니다. 각 시대마다 십자가를, 성육신을, 하나님의 일하심을, 교회를 어떻게 이해하느냐가 핵심 과제가 됩니다.

교회 역사에서 가장 중요한 내용은 십자가와 부활입니다. 우리에게는 '부활'이라는 결론이 주어져 있고 그 결론에 이르는 길이 십자가라는 것입니다. 성찬을 생각해 봅시다. 성찬 예식의 핵심이 무엇입니까? 주님이 다시 오실 때까지 떡을 떼고 잔을 나누며 그의 죽으심을 기념하는 것입니다. 다시 오실 때까지 죽으심을 기념합니다. 따라서 성찬은 그가 다시 오시기까지는 우리도 죽음의 길을 가야 한다는 사실을 가리킵니다. '부활이 있다. 우리의 운명은 승리다'라고 쉽게 말하는 것이 아니라 '그러기 위하여 죽음의 길을 가야 한다'라는 것을 기억하고 다짐하는 것이 성찬입니다. '예수님이 아직 다시 오시지 않았다. 그러니 우리는 당연히 고난의 길을 가야 한다.' 이렇게 성찬을 나누는 것입니다. 이 문제를 성경이 어떻게 좀 더 깊이 다루는지 로마서 5장에서 살펴봅시다.

> 그러므로 우리가 믿음으로 의롭다 하심을 받았으니 우리 주
> 예수 그리스도로 말미암아 하나님과 화평을 누리자 또한 그
> 로 말미암아 우리가 믿음으로 서 있는 이 은혜에 들어감을
> 얻었으며 하나님의 영광을 바라고 즐거워하느니라 다만 이
> 뿐 아니라 우리가 환난 중에도 즐거워하나니 이는 환난은
> 인내를, 인내는 연단을, 연단은 소망을 이루는 줄 앎이로다
> **(롬 5:1-4)**

의롭다 하심을 받아 하나님과 화평을 누리게 되었다는 말씀, 은혜에 들어가 하나님의 영광을 바라고 즐거워하게 되었다는 약속에는 우리가 다 공감하고 동의하며 만족스러워합니다. 그런데 이어 나오는 환난도 그와 똑같은 약속이라는 사실은 잘 인식하지 못합니다. 환난은 하나님과의 화평, 하나님이 주실 영광을 바라는 즐거움과 마찬가지로 우리에게 주어진 현실입니다. 오히려 환난이야말로 예수 믿는 자에게 주어진 실감 나는 정황입니다. 하나님은 우리의 구원을 이루기 위하여

하늘에서 천지를 뒤집어 새 하늘과 새 땅을 만드시지 않고 이 죄악 된 세상, 하나님을 거부한 역사와 인생 속에 당신의 아들을 밀어 넣으셨습니다. 그리고 그 구원이 실현되도록 우리 역시 환난 속에 밀어 넣고 계십니다.

환난이 무엇인지 여기서 분명해집니다. 하나님은 당신의 일을 이루시는데 이 세상 질서와 체제는 그대로 둔 채 일하신다는 것입니다. 이것이 앞에서 이야기한 예수님이 받은 시험입니다. 사탄이 한 시험은 무엇이었습니까? '내게 절하면 천하만국을 주겠다'라는 것이었습니다. 예수님은 "싫다. 그건 네가 가져라. 나는 사람들로 하나님을 섬기게 하려고 온 구원자다"라고 답하셨습니다. 예수님은 구원을 이루는 싸움을 어떤 조건 속에서 하시겠다는 것입니까? 사탄을 멸망시키거나 없애 버리지 않으십니다. "나는 네게 절하지 않겠다. 나는 하나님을 섬기고 경배하는 일을 이루기 위하여 왔다. 너는 네 권세를 갖고 일해라." 이것이 예수님의 방법이자, 그가 겪으셨으며 우리도 겪는 환난입니다.

예수를 믿고 나서 보니 가장 의아한 게 무엇입니까? 내가 회개했는데 세상이 변하지 않는다는 것입니다. 사는 것이 여전히 고달픕니다. 밤새워 울고 기도했는데 아침부터 엄마가 고함지릅니다. "야, 이 녀석아, 왜 안 일어나? 밥 처먹고 학교가!" 그럴 때면 '아니, 하나님! 이럴 수가 있습니까?' 하는 생각이 듭니다. 세상이 변하지 않으면 내 믿음이라도 커져서 무슨 일이 일어나도 아무렇지 않아야 하는 것 아닙니까? 그렇게 울고 감격했는데도 내 마음이 현실을 이기지 못합니다. 각오가 며칠 못 갑니다. '울어도 못하네'라는 찬송가도 있듯 하나님이 무대를, 정황을, 컨텍스트를 바꿔 주시지도 않고, 우리의 실력도 바꿔 주시지 않습니다. 분명히 감동이 있었고 소원도 있었고 각오도 했고 결단도 했으나 나는 변한 게 없습니다. 그런데 하나님은 그런 현실을 살라고 합니다.

환난은 왜 주셨을까요? 환난이 인내를 만들기 때문입니다. 인내가 무엇입니까? 견디는 것입니다. 견디다니, 무슨 말입니까? 시간이 연장된다는 뜻입니다. 환난은 경험을 만듭니다. 즉 인내는 '경험'이라는 뜻을 가진 단어입니다. 어떤 경험을 갖게 될까요? 내가 누구인가, 세상이 무엇인가, 하나님이 누구신가에 대한 경험을 갖게 됩니다.

신앙생활은 시간과 공간 속에서 펼쳐집니다. 하나님이 만드신 세상에는 공간만 있는 것이 아니라 시간도 있습니다. 시간이란 어제가 있고 오늘이 있고 내일이 있는 것입니다. 어제가 다르고 오늘이 다르고 내일이 다른데 그 속에서 온갖 일을 겪습니다. 어제 감격스러웠을 때 내 인생이 끝났으면 좋았을 것을, 하는 마음도 듭니다. 오늘이 있는 바람에 배신이 있고 내일이 있는 바람에 두렵기 때문입니다. 시간 속에서 인생이 어떻게 흘러갈지 우리는 알 수 없습니다. 우리가 한창 충만하고 좋을 때 왜 하나님이 우리를 끝장내 주시지 않았는지 원망스럽습니다. 그러나 그것이 외면할 수 없는 우리 삶의 현실이고 진실입니다.

신앙생활에서 가장 좋을 때는 구원을 막 받고 나서 딱 1년간입니다. 3년만 되면 능구렁이같이 됩니다. 전과 같은 감격도 열심도 사라집니다. 남이 감격하여 열심을 내는 꼴도 못 봅니다. 비난하려고 하는 말이 아닙니다. 그 길을 우리가 가고 있다는 사실을 기억해야 합니다. 지금 우리의 각오는 한결같지 않습니다. 시험을 받아 무너지기도 하고 원망하기도 하고 자폭하기도 합니다. 그런데 하나님이 데려가시기 전에는 우리 스스로 이 드라마를 끝낼 수가 없습니다.

우리는 마음대로 죽을 수조차 없습니다. 사는 게 사는 게 아닌데 죽을 수도 없습니다. 기독교 신앙이 이 자리까지 밀고 내려와 깊이와 무게를 만들지 못하면 다 거짓말이 될 것입니다. 실제 텍스트가, 그 내용과 무게와 깊이가 제대로 들어 있지 않은 것입니다. 하나님이 우리 삶에 그것을 담으라고 요구하십니다. 환난이 그것을 담아내게 합니다.

하나님은 우리에게 하나님을 반대하는, 하나님 없이 살 수 있다는 기만과 폭력과 분노의 컨텍스트 속에서 신자로 살아보라고 합니다. 환장할 일입니다. 그래서 어떤 사람들은 이 정황을 혼자 힘으로 견디기는 어렵고 자기 감격은 이제 끝났으니까 초짜들을 감격하게 해서 계속 재탕하는 것으로 때우려고 합니다. 다른 사람들을 감격하게 해서 자신의 옛날을 즐깁니다. 그래서는 안 됩니다. 자기 인생을 살아서 울고 감동하고 각오하고 실패하고 자폭하고 원망하고 후회하는 과정을 실제로 걸어오지 않고 바깥 어느 자리에 머물러 다른 사람들만 조종하고 있으면 안 됩니다. 하나님은 우리가 생각한 것보다 훨씬 더 깊고, 훨씬 더 강하게 우리를 밀고 나가신다고 성경이 가르치고 있습니다.

3

인내는 무엇을 만듭니까? 연단을 만듭니다. 연단이 무엇일까요? 알게 되는 것입니다. 무엇을 알게 될까요? 인생이 무엇인지, 인간의 가치가 무엇인지를 알게 됩니다.

이 문제를 다루는 좋은 인문학 서적이 있습니다. 아서 클라인만(Arthur Kleinman)이라는 하버드 대학교 인류학자가 쓴 《당신의 삶을 결정하는 것들》이라는 책입니다. 원래 제목인 'What Really Matters'가 책의 주제를 더 잘 드러내는 것 같습니다. 이 책은 여러 사람의 인생을 예로 들어서 인류에 희망이 있다는 이야기를 전합니다. 저자는 인문학의 자리에서 인류의 희망을 증언하려고 합니다. 맨 처음에 윈스럽 코헨이라는 사람의 이야기가 나옵니다. 그는 2차 대전 중에 일본군과 싸웠던 사람입니다. 전쟁에서 일본군에게 극렬히 대항하느라 미치광이 살인마로 변했던 자신의 과거를 괴로워하다 정신병까지 앓게 된 사람입니다. 아무리 괴로워도 과거를 돌이킬 수는 없습니다. 무엇으로도 자신의 과거에 대한 변명이 되지 않습니다. 애국심 때문이었다든가 가족을 위해서였다든가 어떤 말을 갖다 붙여도, 멍하니 자기를 쳐다볼 뿐 아무런 저항의 몸짓도 하지 않은 일본군 군의관을 죽여 버린 사건을 잊을 수가 없는 것입니다. 그는 괴로워하며 삽니다. 정신과 의사가 우울증 치료제로 고쳐 보려고 하면 오히려 의사를 비웃습니다. '당신도 알고 있잖아. 이건 정신병 문제가 아니라는 것을. 뇌신경에 관한 문제가 아니라, 인간의 존엄성과 가치에 관한 번민이잖아.' 이런 마음이 그의 태도에 묻어 있습니다. 저자는 그런 마음이 인류의 희망이라고 여깁니다.

인간은 물질이나 기계가 아니고, 인간의 마음에는 관념 같은 것으로 간단히 묶을 수 없는, 고뇌하는 어떤 양심, 인격, 정신이 있다는 것입니다. 비록 위대한 인생을 이룩하지 못할지라도 인간이 가치를 놓지 못하고 있다는 것 자체가 의미 있다고 합니다. 이것이 이 책이 하고 싶은 이야기입니다.

이 이야기를 듣고 우리는 기독교인이기에 너끈히 그다음 이야기를 할 수 있습니다. '하나님이 계시잖아. 하나님이 결국 우리를 구원하실 거야. 자기 아들을 보내신 사랑을 생각해 봐.' 그런데 이렇게 결론으로 쉽게 가지 말고, 그 과정에 무슨 의미가 있는가 더 깊이 생각해야 합니다. 인생의 고통스러운 과정에서 아서 클라인만이 희망의 단서라고 끄집어낸 것들이 신자에게는 어떻게 이해될까요? 인간은 환난을 당해서 죽음과 같은 고난 앞에 서야 비로소 '인간이란 무엇인가, 인간은 무슨 가치가 있는가?'라는 중대한 질문 앞에 서게 됩니다. 이것이 연단을 통해 이루어지는 일입니다.

우리 신앙생활에서도 반복하여 일어나는 소원이 무엇입니까? '하나님, 제가 가장 잘할 때 데려가 주세요. 배신하고 망신당하기 전에 데려가 주세요' 같은 것입니다. 하나님은 "그렇게는 못한다"라고 하십니다. 우리는 질문합니다. "아무 쓸모도 없고, 몰라도 됐을 못난 모습만 더 드러나게 하는 이 뒷

일은 무엇 때문에 겪어야 합니까?" 그때 하나님이 우리로 자신의 민낯을 직면하게 하십니다. '인간이란 무엇인지 생각해 봐. 인간의 실력이 어디까지인가 맞닥뜨려 봐.'

우리가 잘못한 것으로 우리의 인생이 결정 나지 않습니다. 잘잘못이 전부가 아닙니다. 우리가 후회하고 눈물짓는 일까지 다 묶어서 "하나님, 죽으면 그만인 것이 아닙니다. 아무에게도 원망 듣지 않는 인생을 살았다고 해서 잘 산 게 아닙니다. 인생은 하나님이 주시는 것으로 채우지 않는 한, 잘 살고 못 살고의 기준이 무의미합니다"라고 고백하는 자리까지 가야 합니다. 하나님이 우리를 거기까지 몰아대십니다.

'실수 안 하게 해 주십시오. 욕 안 먹게 해 주십시오. 비겁하지 않게 해 주십시오'를 비는 것이 아니라, 잘하고 못하고를 뛰어넘어서 '인간은 왜 살아야 합니까? 살아서 당하는 이 모든 일이 무엇을 만드는 것입니까? 나라는 존재는 어떤 가치가 있는 것입니까?'라고 묻고 물어야 합니다. 그렇게 묻고 물어서 인류 역사에 나타난 모든 경우, 모든 증언 속에서 예수 그리스도의 십자가가 가지는 의미를 깨닫는 것입니다. 히브리서 5장에 가면 예수님이 겪으신 일이 나옵니다. 방금 살펴본 로마서 5장 1절부터 4절까지의 내용이 이렇게 다시 그려집니다.

그는 육체에 계실 때에 자기를 죽음에서 능히 구원하실 이에게 심한 통곡과 눈물로 간구와 소원을 올렸고 그의 경건하심으로 말미암아 들으심을 얻었느니라 그가 아들이시면서도 받으신 고난으로 순종함을 배워서 온전하게 되셨은즉 자기에게 순종하는 모든 자에게 영원한 구원의 근원이 되시고 하나님께 멜기세덱의 반차를 따른 대제사장이라 칭하심을 받으셨느니라 (히 5:7-10)

일어날 일을 다 알고 계셨을 예수님이 왜 세상에 오셔서 울기까지 하셨을까요? 쇼였을까요? 하나님이 하나님의 일을, 육체를 가지고 인간의 몸으로 오시는 방식으로 이루겠다고 하셔서 예수님이 비명을 지르신 것입니다. 이것을 이해하지 못하면 우리는 자신의 모든 비명을 죄라고 생각하게 됩니다. 우리가 인생에서 지르는 비명이 다 죄일까요? 성경은 그렇지 않다고 이야기합니다.

하나님이 우리를 흙으로 빚어 생명이 되게 하는 구체적 작업을 통해 창조하신 것처럼, 하나님은 지금도 당신의 텍스트를 시간과 공간 속에서 갈등과 버거움과 고통과 비명을 통해 우리 안에 담아 나가고 계십니다. 이것이 인생입니다. 어떤 대가를 얻기 위해 별 수 없이 고생하는 것이 아닙니다. 고생 자체가 없어서는 안 될 과정이 됩니다. 이 과정이 없으면 마치 건물 중간에 어느 층이 없는 것같이 됩니다.

4층 건물은 1층, 2층, 3층, 4층이 다 견고하게 자기 층을 유지하도록 짓는 법입니다. 우리 인생도 마찬가지입니다. 인생에는 울었던 층, 웃었던 층이 다 있습니다. 그 모든 층이 모여 건물을 이룹니다. 여기에 하나님의 위대함이 있습니다. 각 층은, 즉 인생의 각 과정은 우리의 손쉬운 판단 기준으로 다 파악되지 않습니다. 잘했고 못했고, 옳고 그르고, 유능하고 무능하고, 자랑스럽고 부끄럽고와 같은 우리에게 익숙한 방식으로 쉽게 결론지어지지 않습니다. '환난 중에도 즐거워하나니'라는 성경의 증언을 따라 그 모든 것을 하나님의 일하심으로 알고 품어야 합니다.

세상은 헛됩니다. 세상은 결국 아무것도 아닌 것으로 끝이 납니다. 허망하고 거짓됩니다. 그러나 우리는 다릅니다. 로마서가 증언하듯이, 우리를 향한 하나님의 부르심에는 후회하심이 없습니다. 우리가 가장 못났을 때를 통해서도 하나님은 일하십니다.

영화 〈히말라야〉에서 엄홍길 대장이 기자와 인터뷰하는 장면이 나옵니다. 기자가 묻습니다. "산을 정복하고 내려올 때 무슨 생각을 하시나요? 산을 정복한다는 게 무슨 의미가 있나요?" 엄홍길 대장은 이런 멋진 답을 합니다. "산은 정복하는 것이 아닙니다. 산이 허락할 때 잠시 꼭대기에 올라가 보는 것이지요. 무얼 배우느냐고요? 제 민낯을 봅니다." 민낯을 본다니 무슨 말일까요? 산은 4,000미터를 넘으면 고산병 증세가 나타나고 6,000미터 이상 올라가면 숨 쉬기도 힘듭니다. 이걸 왜 올라가나 싶고 별의별 생각이 다 납니다. 엄홍길 대장의 말로는, 가면이 하나씩 벗겨진답니다. '잘난 척하려고 왔구나. 체면이 있지. 이제 돌아갈 수는 없다. 그래도 돌아가는 게 죽는 것보다는 낫지 않을까?' 가면이 계속 벗겨지고 본색이 나온답니다.

외부로부터의 아무런 약속도 도움도 없는 곳에서 환난은 인간에게 질문을 합니다. 가장 깊고 은밀한 곳에서 근원적 질문을 던지는 것입니다. '너는 누구냐? 너는 왜 사냐? 무슨 힘으로 버티냐?'라고 묻습니다. 그렇게 우리의 민낯을 마주하고, 하나님이 무엇을, 어떻게, 왜 하시는가를 발견하지 못하면 우리는 현실을 살지 않게 됩니다. 현실을 살지 않고 언제나 상상 속에 숨어 버립니다. 하루 24시간 동안 우리가 겪는 모든 경우가 다 담겨 있는 삶을 살아 내지 못하게 됩니다.

4

우리의 삶을 가장 많이 채우는 현실은 하루 일과를 마치고 집에 돌아가는 것처럼 매일 반복되는 일상입니다. 기독교인의 큰 약점 중 하나가 하나님이 요구하시는 현실을 살지 않고 상상 속을 사는 것입니다. 선교도 해야 하고 순교도 해야 하지만 우리는 먼저 일상을 살아야 합니다. 일상의 특징이 무엇입니까? 잘 모르는데 사는 것입니다. 인간은 누구나 모르는 길을 갑니다. 언제나 아는 길, 설명할 수 있는 길을 가는 것이 아닙니다. 우리는 다 모르고 삽니다.

이런 길에 신자인 우리는 '믿음을 가지고'라는 말을 붙일 수 있어서 감사합니다. 그러나 이 말의 뜻을 알기 위해서는 먼저 믿음이 없이 사는 인생에 있는 공포가 무엇인지 알아야 합니다. 하나님이 주신 가치와 소원을 가지고 그것들을 위협하고 반대하는 세상 속에서 살아야 한다는 것이 우리에게는 얼마나 두려운 일인지 모릅니다. 모여 있을 때에는 쉬운 것 같습니다. 기도원이나 교회나 신학교에 모여 있으면 그렇게 쉬울 수가 없습니다. 그러나 현실로 돌아가야 합니다. 이것이 성경이 우리에게 요구하는 것입니다. 로마서 12장입니다.

너희를 박해하는 자를 축복하라 축복하고 저주하지 말라 즐거워하는 자들과 함께 즐거워하고 우는 자들과 함께 울라 서로 마음을 같이하며 높은 데 마음을 두지 말고 도리어 낮은 데 처하며 스스로 지혜 있는 체 하지 말라 아무에게도 악을 악으로 갚지 말고 모든 사람 앞에서 선한 일을 도모하라 할 수 있거든 너희로서는 모든 사람과 더불어 화목하라 내 사랑하는 자들아 너희가 친히 원수를 갚지 말고 하나님의 진노하심에 맡기라 기록되었으되 원수 갚는 것이 내게 있으니 내가 갚으리라고 주께서 말씀하시니라 네 원수가 주리거든 먹이고 목마르거든 마시게 하라 그리함으로 네가 숯불을 그 머리에 쌓아 놓으리라 악에게 지지 말고 선으로 악을 이기라 (롬 12:14-21)

이런 일상으로 돌아가야 합니다. 원수를 갚지 마십시오. 세상에서 정의와 평화를 만들어 내려고 하지 마십시오. 주께서 다시 오시기까지 악한 일들은 계속 있을 것입니다. 그런 일이 있다고 핑계 대지 말고 우리에게 주어진 역할을 하십시오. 우리는 선한 역할을 맡았습니다. 우리는 하나님을 아는 자, 예수를 믿는 자, 하나님의 자녀로 존재하고 있습니다. 악역은 저들대로 있으라고 놔두고, 악이 세력을 갖고 있는 세상 속에서 예수를 믿는 자로 존재하십시오. 약삭빠른 자가 이기고 거짓말하는 자가 이기는 이 세상에서 손해 보고 살아가십시오. 손해 보고 살기란 어렵습니다. 그래도 우리는 이 세상을 그렇게 살아내야 합니다.

사회가 정의롭고 평화롭고 모두 예수를 믿으면, 그곳은 천국입니다. 그러나 천국은 주님이 다시 오실 때에야 이루어집니다. 그럼 그때까지 무엇을 하라고 합니까? 지금 여기서는 주의 죽으심을 따라 살라는 것입니다. 죽는 길을 가라고 합니다.

악역을 미워하지 마십시오. 〈벤허〉(Ben-Hur, 1959)라는 영화를 보셨나요? 이 영화를 유명하게 만든 건 '벤허'가 아니라 그의 상대역 '메살라'입니다. '스티븐 보이드'라는 배우가 이 악역을 맡아 연기를 아주 잘했습니다. 벤허는 '찰톤 헤스톤'이 맡았는데 오히려 그 사람은 연기를 잘하지 못합니다. 그래서 조연 때문에 영화가 훌륭해졌다고 할 수 있습니다. 영화에서 주인공 벤허는 전차 경주에서 원수인 메살라를 죽입니다. 그렇게 원수를 갚지만, 여전히 인생의 해답은 얻지 못합니다. 그러다 예수님이 십자가에서 죽는 장면을 보게 되는데 예수님의 한마디가 그의 마음을 흔듭니다. '아버지여, 저들을 사하소서. 저들은 자기가 하는 일을 알지 못하나이다.' 이 말씀을 듣고 그는 가슴에 품고 있던 칼을 내려놓습니다. 그렇게 영화가 끝납니다.

인생을 억울하게 만든 악당 메살라가 죽는다고 해서 벤허의 인생이 해결되는 것이 아닙니다. 이것이 중요합니다. 누구를 제거한다고 우리의 책임이 완수되는 것이 아닙니다. 악당이 악역을 하듯이 우리는 우리의 역할, 선한 역을 하고 있어야 합니다. 연기를 못해도 좋으니까 맡겨진 그 역할을 하라는 것입니다. '악에게 지지 말고 선으로 악을 이기라.' 이 말은 선이 더 커져야 한다, 악을 감동시켜라, 하고 말하는 것이 아닙니다. '네 자리를 지켜라. 네가 할 수 있는 것을 해라'라는 말입니다. 각각 자기 역할을 해야 합니다.

〈벤허〉에서 제일 중요한 장면은 전차 경주도 아니고 마지막에 나오는 예수님의 죽음도 아닙니다. 그 영화에서 우리가 가장 중요하게 기억해야 하는 장면은 다른 데 있습니다. 영화는 벤허와 죽마고우였던 메살라가 로마에 가서 유대 총독의 장교가 되어 금의환향하는 것으로 시작됩니다. 벤허가 친구 메살라를 환영하는 뜻으로 집에서 잔치를 베풉니다. 벤허는 메살라에게 "너는 유대인에 대해 이해가 깊을 테니까 우리 민족을 선대해 주기 바란다"라고 합니다. 그러자 메살라가 "그런 소리 하지 마. 로마가 주인이야. 누구든 로마의 말에 순종해야 해. 거역하면 오직 죽음이 있을 뿐이야"라고 답합니다. 둘 사이가 그렇게 틀어집니다.

　그런 일이 있은 후 벤허의 여동생이 옥상에서 로마군 사령관이 행차하는 것을 구경하다가 기왓장을 떨어트리는 바람에 사령관이 부상을 당합니다. 이 일로 벤허의 여동생과 어머니는 테러범으로 잡혀갑니다. 벤허가 메살라에게 사정합니다. "너는 우리가 테러범이 아니라는 거 알잖아. 제발 풀어 줘." 메살라가 말합니다. "안 돼. 이 일을 일벌백계로 다스려 유다에 경고로 삼을 거야." 벤허는 이 말에 격분하여 창을 들고 메살라에게 뛰어듭니다. "내 가족을 놓아 줘!" 위협 당한 메살라가 말합니다. "자, 찔러! 날 죽이면 네 가족이 풀려날 수 있을 거 같아? 찌르라고!" 벤허는 메살라를 죽여 봤자 가족이 풀려나지 못한다는 걸 알고 있습니다. 분노에 찬 벤허는 메살라의 얼굴을 비껴가게끔 창을 던지고 잡혀갑니다. 여기가 중요합니다. 이때 메살라를 죽였으면 어떻게 되었을까요? 속이 시원했을까요? 그 순간은 통쾌했을지 몰라도 영화는 의도된 결말에 이르지 못하고 끝이 났을 것입니다.

　컨텍스트가 없으면 텍스트를 담을 수 없습니다. 물은 컵에 담습니다. 물이 담긴 컵을 우리는 컵이라고 하지 않고 물이라고 부릅니다. 우리 인생의 텍스트는 우리의 컨텍스트 속에 담깁니다. 우리의 실존을, 시간과 공간과 경우를, 개인의 인생과 역사를 가지지 않으면, 즉 컨텍스트가 없으면 텍스트가 담길 곳이 없습니다. 텍스트가 담길 때까지 기다릴 수 있어야 합니다. '그날 나는 모든 것을 다 알아 버렸어'라고 말하면 거짓말입니다. 그것은 그 나이에 깨달은 것에 불과합니다. 그다음이 더 있습니다. 당연히 더 있고, 나중에 천국에 가면 세상에서 깨달았던 것이 극히 일부분이었다는 것을 알게 될 것입니다.

우리의 결정과 각오만이 요구되는 것이 아닙니다. 우리에게 닥쳐오는 도전, 이런 정황을 하나님이 다 쥐고 계십니다. 이 세상에 그 아들을 보내셨습니다. 그를 죽이는 세상 권세가 있으나 하나님이 모든 운명과 모든 결론을 쥐고 계십니다. 반역과 사망이라는, 세상이 가진 무기를 넘어서는 하나님의 의지와 지혜와 성실하심이 우리를 붙잡고 있습니다. 이것이 우리가 꼭 기억해야 할 기독교 신앙의 대전제입니다. 이것을 놓치면 아무도 자기 인생을, 자기 현실을, 지금을, 납득할 수도 확인할 수도 견딜 수도 없습니다. 우리 각자에게 자신의 인생은 그 누구의 인생보다 기가 막힙니다. 그만큼이나 하나님이 예수 안에서 이루신 바로 그 승리를 지금 우리의 생애 속에 구체적이고도 성실하게 담고 계신다는 사실을 기억합시다. 이 성경의 증언, 기독교 신앙의 근본적인 대전제를 기억하기 바랍니다.

기도

하나님 아버지, 은혜를 감사합니다. 하나님은 우리를 만드신 창조주요, 그 아들을 보내신 우리의 아버지이시며 지금도 일하고 계시는, 우리를 사랑하시는 전능하시고 거룩하신 우리의 주인이십니다. 우리가 당하는 어떤 일도 하나님의 뜻과 하나님의 능력 밖에 있는 것이 없고, 우리의 고민과 우리의 실패와 못난 것이 하나님의 뜻을 좌절시킬 수도 없습니다. 아무것도 그리스도 예수 안에 있는 하나님의 사랑에서 우리를 끊을 수 없습니다. 모든 것이 합력하여 선을 이루는 줄 믿습니다. 그러니 더 깊이 자신의 삶을 살게 하옵소서. 우리로 생각하게 하옵소서. 그리하여 참으로 대담하고 책임 있는, 깊고 알찬 하나님의 증인들을 만들어 내시고 영광 받으옵소서. 예수님 이름으로 기도합니다. 아멘.

2

정황

우리가 겪는 현실, 지금 우리의 모든 조건은 하나님이
일을 이루시는 방법입니다. 하나님의 지혜이고 능력
입니다. 우리가 모자라고 부족하다고 자책만 할 일이
아닙니다. 그 상황이 하나님의 일이 이루어지는 구체
적인 현장입니다.

1 형제들아 내가 너희에게 나아가 하나님의 증거를 전할 때에 말과 지혜의 아름다운 것으로 아니하였나니 **2** 내가 너희 중에서 예수 그리스도와 그가 십자가에 못 박히신 것 외에는 아무 것도 알지 아니하기로 작정하였음이라 **3** 내가 너희 가운데 거할 때에 약하고 두려워하고 심히 떨었노라 **4** 내 말과 내 전도함이 설득력 있는 지혜의 말로 하지 아니하고 다만 성령의 나타나심과 능력으로 하여 **5** 너희 믿음이 사람의 지혜에 있지 아니하고 다만 하나님의 능력에 있게 하려 하였노라 (고전 2:1-5)

1

본문은 사도 바울이 고린도에 갔을 때 어떤 심정이었는지 말하고 있습니다. 그는 원래 유럽으로 갈 마음이 없었습니다. 터키 지역에 있기를 원했지만 성령께서 마게도냐로 부르셔서 유럽으로 가게 되었습니다. 그때는 물론 고린도에 교회가 설립되기 전입니다. 본문에 의하면 그는 아무 준비도 도움도 없는 채로 그 도시에 던져집니다.

우리가 생각할 문제가 바로 이것입니다. 우리도 던져지고 묶이고 맡겨진다는 사실입니다. 던져지고 묶인다는 것은, 예수를 믿고 나서 자기 존재에 대해 생각하고 자기의 정체성에 대해 물을 때 우리가 가장 받아들이기 어려운 부분일 것입니다. 성경이 이 점을 어떻게 이해하라고 하는지 생각해 보려고 합니다.

우리는 원치 않는 시대에, 원치 않는 사회에 던져집니다. 아무도 부모를 골라서 태어나지 못합니다. 시대나 나라도 택하지 못합니다. 우리의 선택 없이 외모와 성격이 정해지고 가족과 나라가 정해집니다. 그래서 억울합니다. 인류 역사 내내 누구나 억울해 했습니다. 자기 출신 성분이나 자기 시대를 마음에 들어 한 사람은 아무도 없습니다. 고린도전서 2장에서 바울이 하고 싶어 하는 이야기가 바로 이것입니다.

　본문에서 바울은 아무런 준비도 없었다고 합니다. 그는 오
직 예수 그리스도와 그분이 십자가에 못 박히신 것만을 생각
하기로 했다고 합니다. 자신에게 부여된 일은 예수 그리스도
가 세상에 어떻게 보내졌는가를 생각해야만 이해할 수 있는
것이라고 말하는 것입니다.

　예수는 로마의 속국으로 있는 유다에서 태어났습니다. 태
어나 얼마 되지 않아서 헤롯 왕의 핍박을 받아 애굽으로 피난
갔다 옵니다. 다시 돌아와 나사렛에서 목수의 아들로 30년을
삽니다. 그리고 3년의 공생애를 보냅니다. 예수님은 그렇게
특정한 시간과 공간이라는 컨텍스트에 묶이셨습니다. 요셉을
아버지로, 마리아를 어머니로 둔 사람으로 태어나 이름 없고
어려운 삶을 살며 온갖 시험을 겪었습니다.

　"우리가 전한 것을 누가 믿었느냐 여호와의 팔이 누구에게
나타났느냐 그는 주 앞에서 자라나기를 연한 순 같고 마른 땅
에서 나온 뿌리 같아서 고운 모양도 없고 풍채도 없은즉 우리
가 보기에 흠모할 만한 아름다운 것이 없도다"(사 53:1-2). 이
사야의 예언처럼 예수님은 세상의 권력과 거리가 먼, 또 사람
들에게 외면당하여 아무도 알아봐 주지 않는 인생을 삽니다.
하나님이 당신의 아들, 약속된 메시야를 보내실 때 마련해 놓

으신 조건이자 그 아들이 취한 구체적인 상황이 바로 이런 모습이었습니다. 누구나 피하고 싶어 하는 조건입니다. 왜 이렇게 생겼는지, 왜 이 집에 태어났는지, 왜 이 시대에 하필 한국 사람이어야 하는지 같은 질문이 쏟아져 나올 만한 상황이 바로 예수가 처한 정황이었습니다.

지금 살고 싶은 나라를 선택하라고 하면 어느 나라를 택하겠습니까? 예전에는 다들 미국으로 가겠다고 해서 "미국 가서 거지로 살아라"라고 놀렸던 기억이 납니다. 나라만 좋으면 다 되는 것도 아닙니다. 더 나은 조건이었으면 하고 바라는 것들이 많습니다. 인생을 살며 누구나 겪는 현실입니다. 그러나 우리가 결정할 수 있는 것은 굉장히 사소한 것들뿐입니다. 정작 중요한 것은 우리가 선택할 수 없습니다. 우리 앞에 그냥 벌어집니다. 그런 현실의 가장 대표적인 예가 에베소서 5장에 나옵니다.

2

아내들이여 자기 남편에게 복종하기를 주께 하듯 하라 이는 남편이 아내의 머리 됨이 그리스도께서 교회의 머리 됨과 같음이니 그가 바로 몸의 구주시니라 그러므로 교회가 그리스도에게 하듯 아내들도 범사에 자기 남편에게 복종할지니라 남편들아 아내 사랑하기를 그리스도께서 교회를 사랑하시고 그 교회를 위하여 자신을 주심 같이 하라 이는 곧 물로 씻어 말씀으로 깨끗하게 하사 거룩하게 하시고 자기 앞에 영광스러운 교회로 세우사 티나 주름 잡힌 것이나 이런 것들이 없이 거룩하고 흠이 없게 하려 하심이라 이와 같이 남편들도 자기 아내 사랑하기를 자기 자신과 같이 할지니 자기 아내를 사랑하는 자는 자기를 사랑하는 것이라 누구든지 언제나 자기 육체를 미워하지 않고 오직 양육하여 보호하기를 그리스도께서 교회에게 함과 같이 하나니 우리는 그 몸의 지체임이라 그러므로 사람이 부모를 떠나 그의 아내와 합하여 그 둘이 한 육체가 될지니 이 비밀이 크도다 나는 그리스도와 교회에 대하여 말하노라 **(엡 5:22-32)**

부부를 예수와 교회의 연합에 비유하고 있습니다. 에베소서 5장은 거두절미하고 명령합니다. '아내들아, 남편에게 복종하라. 교회가 그리스도에게 하듯 복종하라.' '남편들아, 아내를 사랑하라. 그리스도께서 교회를 사랑하시고 그 교회를 위하여 자신을 주심 같이 하라.' 단도직입적인 명령입니다. 우리는

'아니, 하나님, 무슨 근거로 그런 말도 안 되는 말씀을 하십니까?' 하는 생각이 듭니다. 그런데 하나님은 부부에게 "내가 너희를 묶었다"라고 하시는 것입니다.

하나님은 남자와 여자를 부부로 묶어서 무엇을 하시려는 것일까요. 부부라는 관계에 담긴 중요한 뜻이 27절에 나옵니다. '자기 앞에 영광스러운 교회로 세우사 티나 주름 잡힌 것이나 이런 것들이 없이 거룩하고 흠이 없게 하려'고 부부로 묶으셨습니다. 굉장한 약속입니다. '이 비밀이 크도다'라고 합니다. 부부의 연합은, 주께서 교회의 머리가 되사 모든 믿는 자의 머리가 되시고 우리가 그의 몸이 되는 연합과 같다고 합니다. 운명과 모든 현실을 함께 겪는 유기적 연합입니다. 그런데 왜 이 약속이 현실과는 그토록 동떨어져 보일까요? 차근차근 따져봅시다.

결혼할 때는 누구나 사랑해서 결혼합니다. 상대가 없으면 죽을 것 같아서 부모의 반대도 물리치고, 친구의 반대도 물리치고 별의별 노력을 다해서 결혼을 합니다. 그렇게 결혼하고 나면 길게는 3년, 빠르게는 3개월 안에 중대한 실수를 했다는 것을 깨닫게 됩니다. 그 이후에는 '이게 뭔가!' 하는 질문을 안고 삽니다. 결혼 생활뿐만이 아니라 신학생의 삶, 목회자의 길도 마찬가지입니다. 사실, 우리 인생도 똑같습니다. '왜 사나, 이게 뭔가' 이런 생각이 드는 것은 지극히 당연하며 또 중요한 일입니다.

우리는 안심에 미혹됩니다. 모든 일에 안심하고 싶습니다. 그러나 우리의 삶은 불안하고 걱정스럽고 조마조마합니다. 이것이 현실이고 또한 정상입니다. 만사가 괜찮을 수는 없습니다. 생각 없이 사는 사람만 그럴 수 있습니다. 부부 생활이 내내 꿈결 같다고 한다면, 오히려 비정상입니다. 여기에 우리의 기대와 다른 성경의 관점이 있습니다. 하나님이 일하시는 방법은 우리가 기대하는 것과 크게 다릅니다.

사랑해서 결혼했는데 살아 보면 우리가 기대했던 것과는 다른 현실을 맞닥뜨리게 됩니다. 그러면 '사랑해서 결혼했는데 왜 행복하지 않은가? 내가 기도를 잘못한 건가? 기도 응답이 아닌데 내가 배우자를 잘못 짚었나?' 하는 생각까지 하게 됩니다. 이런 생각이 드는 것은 사랑에 대한 오해 때문입니다.

사람들은 사랑이 진심과 열정의 문제라고 생각합니다. 그래서 결혼 생활이 어려워지면 진심이 아니었거나 열정이 식은 결과라고 여깁니다. 그래서 부부 싸움을 합니다. "당신은 나한테 관심이 없어!" 창문도 부수고 주전자도 집어 던집니다. 그렇게 싸울 정도로 아직 열정과 진심이 남아 있다는 것을 확인하지만 여전히 행복하지는 않습니다. '이게 뭔가!' 하면서

'성격 차이다, 속았다, 내가 잘못 선택했다' 같은 여러 가지 이유를 갖다 붙입니다. 그러나 이런 이유 때문에 행복하지 않은 것이 아닙니다. 사랑은 진심과 열정의 문제가 아니기 때문입니다.

고린도전서 13장은 사랑에 대해 처음부터 적극적인 정의를 내리지 않고 '이것은 사랑이 아니다'라는 식으로 설명합니다. '사랑은 천사의 말을 하는 것이 아니다, 사랑은 환상이 아니다, 사랑은 산을 옮기는 능력이 아니다, 사랑은 자기 몸을 불사르게 내어 주는 열정이 아니다, 사랑은 그런 것이 아니다.' 그러면 사랑은 무엇입니까?

첫 번째로 나오는 사랑에 대한 적극적인 정의가 이것입니다. '오래 참는 것.' 영어 성경에서는 'Love is long-suffering' 이라고 번역하기도 합니다. 사랑은 오래 견디는 것입니다. 결혼해서 살아 보면 알게 됩니다. 이어지는 사랑에 대한 정의들을 보십시오. 사랑은 온유하며 무례히 행치 않으며 성내지 아니하며 자기의 유익을 구하지 않는 것입니다. 그 모든 것이 공통으로 가리키는 것은 무엇일까요. 상대방의 존재를 존중하는 일이 사랑이라는 것입니다. 사랑이라는 이름으로 상대방을 조작할 수 없다는 말입니다.

남녀가 결혼을 하면 서로만 바라보고 살 수는 없습니다. 둘이 합하여 현실을 살아야 합니다. 둘이서 삶을 살아가며 가치와 의미를 만들어 내는 싸움을 해야 하는데 둘이 같이 가야 하니 더 힘듭니다. 왜 힘들까요? 요구가 두 배가 되니 그렇습니다. 결혼을 할 때쯤 되면 꼭 친구가 와서 "왜 속박을 받으려고 해? 그냥 혼자 살아" 하고 시험합니다. 혼자 살면 뭐가 좋을까요? 포기를 할 수 있습니다. 혼자 살 때는 자기만 포기하면 되는데 결혼해서는 아내가, 남편이 포기를 안 하면 자기도 할 수가 없습니다. 내가 하고 싶은 것만 하고, 하기 싫은 것은 안 하면 되는 것이 아니라 아내가, 남편이 원하는 것을 해야 합니다.

아내는 묘하게 남편이라는 테두리 안에서 존재 지위가 생깁니다. '누구의 아내'가 되는 것입니다. 참 신기합니다. 마치 알토(alto)와 같습니다. 남편의 권위 아래 있게 됩니다. 남편이 외국 지사로 발령이 나면 아내는 따라가는 수밖에 없습니다. 사실 남편도 마찬가지입니다. 남편도 아내가 하는 모든 요구를 들어줘야 합니다. 성경은 이렇게 서로 묶인 관계에서 하나님이 일하신다고 합니다. 결혼뿐만 아니라 우리 현실이 이와 같습니다.

우리는 지금의 나이, 지금의 가족, 지금의 사회, 또 지금 각자의 개인적 취향에 묶여 있습니다. 우리가 할 수 있는 선택은

몇 개 되지 않는 지금의 정황에 묶여 있습니다. 하나님이 그런 자리에 우리를 밀어 넣으셨습니다. 거기서 우리의 현실을 살아 내야 합니다. 예수 그리스도가 오신 것처럼 말입니다. 예수님이 들으셨던 말을 우리도 들어야 합니다. "너는 요셉의 아들이 아니냐? 나사렛에서 무슨 선한 것이 나오겠느냐? 네가 다른 사람은 살렸으면서 너 자신은 왜 못 살리느냐?" 그 말을 우리도 들어야 합니다. 그런 조건 속에서 하나님이 우리와 일하십니다.

묶여서 살아가는 인생으로 하나님은 무얼 만드시는 걸까요? 부부는 마치 이중창을 부르는 듀엣 같습니다. 독창은 이중창과 어떤 차이가 있을까요? 혼자서는 화음을 만들지 못합니다. 아무리 잘 불러도 혼자서는 화음을 못 만듭니다. 화음을 만들려면 둘이 다른 음을 내야 합니다.

〈오빠 생각〉(2015)이라는 영화가 있습니다. 그 영화에서 전쟁 고아들을 모아 합창단을 만드는 장면이 나오는데, 노래를 잘 부르는 꼬마 둘이 계속 싸웁니다. 그래서 지휘자가 둘을 앞에 데려다 놓고 이야기합니다. "너희, 결투를 해라. 지는 사람이 이긴 사람에게 영원히 복종해야 한다." 그래서 한 명에게는 '대니 보이'를 부르게 하고 한 명에게는 '애니 로리'를 부르게 합니다. 상대방의 노래에 끌려들어 가면 지는 것입니다.

그런데 둘 다 각자 노래를 끝까지 불러 댑니다. 그리고 그것이 묘한 화음을 만듭니다. 그렇게 둘이 서로 남의 노래를 안 따라가고 자기 노래를 끝까지 부르면서 화음을 만들어 내는 것이 부부가 하는 일입니다. 화음은 그렇게 만들어집니다.

여러 해 전에 〈남자의 자격〉이라는 TV 프로에서 중년 이상의 사람들을 모아 합창단을 만든 적이 있습니다. 그 프로에서 유명한 합창단 지휘자가 나와서 해 준 조언 중에 기억에 남는 이야기가 있습니다. 합창은 베이스가 없이는 성립되지 않는다는 것입니다. 알토나 테너도 아니고 뜻밖에 베이스를 꼽았습니다. 베이스는 멜로디가 없이 단절음만 냅니다. '아 아 아' 아무렇게나 해도 괜찮을 것 같습니다. 그런데 그런 베이스가 무대를 만든다고 합니다. 베이스가 있어야 그 위에서 다른 음들이 춤을 출 수 있다는 것입니다. 베이스가 깔려야 멜로디가 춤을 출 수 있다는 걸 그때 알게 되었습니다.

하나님은 우리를 어떤 자리에 묶어 놓으셨습니다. 이것이 단절음에 묶여 있는 합창단의 베이스처럼 무대를 만듭니다. 부부도 그렇게 하신 것입니다. 하나님은 내가 너희를 묶었다, 복 주려고 묶었다, 너희를 내가 원하는 목적지에 이르게 할 것이다, 라고 하십니다. 이걸 놓치면 우리는 본질적이지 않은 문제로 싸우게 됩니다. "아직도 날 사랑해? 당신을 사랑하는데 왜 우리가 행복하지 않지?"라고 되뇌면서 말입니다.

3

우리에게 일어나는 일에는 우리가 결정할 수 없는 것들이 굉장히 많습니다. 그러나 막연하고 답이 없으며, 또 우리를 곤란하게 하고 두렵게 하는 어떤 일도 하나님의 손 밖에 있는 것은 없습니다. 결정론을 이야기하려는 것이 아닙니다. 하나님의 통치가 얼마나 큰 것인지, 하나님이 우리 인생에 얼마나 예술적으로 개입하시는지에 대한 이해를 더 넓힐 필요가 있다는 말입니다.

"정황에 묶여져 있는 것을 겁내지 마라. 너희에게 나아갈 때 나는 아무런 준비도 못했고 딱 하나만 각오하고 갔다. 예수 그리스도와 그가 십자가에 죽으신 것만 기억하기로 했다." 예수가 던져진 것같이 바울도 고린도에 던져진 것입니다. 그는 이후 끊임없이 이런 질문에 직면합니다. '당신이 신의 사자라면, 왜 이렇게 못생겼는가?'부터 시작해서 '왜 말이 어눌한가? 왜 밤낮 감옥에는 잡혀가는가? 당신의 신은 무엇을 하고 있기에 당신은 밤낮 어려움을 당하는가?' 굶고 춥고 헐벗고 하는 것이 다 흉이 되었습니다. 그런데 바울은 그것들이 다 일을 한다고 고백합니다.

우리는 이런 답답한 현실에 답하기 위해 '진심', '각오' 같은 비장한 단어들을 자꾸 동원합니다. 그러나 이해되지 않는 현실을 있는 그대로 수용해야 합니다. 오히려 이런 현실이 하나님이 즐겨 일하시는 방법인 줄 알아야 합니다. 스케이트를 타려면 강이 얼어야 됩니다. 강이 얼지 않고 스케이트를 탈 방법은 없습니다. 하나님은 일을 이런 방법으로 이루길 좋아하신다고 합니다. '아니, 그렇게 하시다니 하나님은 가학적인 분인가?' 하고 묻고 만다면 생각이 짧은 것입니다. 기독교를 우습게 아는 것입니다. 기독교가 '죽음을 이기는 종교'라는 말을 이해하려면 '결과', '승리' 같은 단어로 쉽게 말할 것이 아니라 가장 무서운 죽음, 공포, 불안, 의심을 하나님이 어떻게 놀라운 영광으로 만들어 내시는가를 봐야 합니다. 성경에서 보고 신앙의 선조들에게서 보고 또 자기 자신에게서도 보아야 합니다. 나 자신에게서 이 일이 확인되어야 합니다.

성경은 각 시대마다 '하나님이 지금 이렇게 일하고 계시다'라고 하는 선언들로 채워져 있습니다. 그러니 하나님이 일을 하시기 위해 우리를 어떤 도전과 질문 앞에, 어떤 현실 앞에 세우는지 봐야 합니다. 성경은 우리 인생에 일어나는 모든 일로 하나님이 당신의 영광을 우리에게 담고 싶고 완성하신다고 합니다. 우리는 하나님이 그렇게 크게 일하시고 있다는 것을 알아야 합니다. 다니엘의 세 친구가 풀무 불에 들어간 사건처럼, 위협이 크고 심할수록 하나님의 일하심은 더 크게 나타날 것입니다. 그 위협을 그대로 당하여 감수하는 것으로도 하나님의 일하심은 나타납니다. 그것이 십자가입니다.

어딘가에 붙들려 묶이는 것, 내가 선택하지 않았고 다 책임질 수도 없는 짐을 평생 지며 하고 싶은 것은 한 번도 못해 보는 인생에 묶여 살게 하는 것이 하나님의 방법입니다. 그런데심지어 그렇게 우리를 묶고 있는 것들이 우리의 운명을, 인생을 결정하기까지 합니다. 무한이신 성자 하나님도 유한에 담기셔서, 그분을 적대시하는 자들이 그분의 생사를 결정했습니다. 그것이 현실입니다.

어느 날 전철을 탔는데 앞에 앉은 젊은 친구가 악을 쓰고 욕을 해 댑니다. 그래서 그 친구 옆에는 아무도 앉지 않고 다 멀찍이 피했습니다. 그런데 한 아주머니가 옆에 가서 앉더니 말을 붙입니다. "이봐, 젊은이. 무슨 속상한 일 있어?" 꼭 이모같이 물었습니다. 그러자 그가 큰 소리로 대답합니다. 미 대사관에 비자를 신청하러 갔다가 거절을 당했다는 것입니다. 오랫동안 고민해서 미국에 가기로 결정하고 미국 대학에 들어가 공부해서 미래를 펼쳐 보려고 철저하게 준비했는데, 비자가 안 나왔답니다. 영사가 '리젝트' 도장을 딱 찍어 버린 것입니다. 그래서 그렇게 화를 내고 있었습니다. "그 바보 같은 게 나를 뭘 안다고 도장 한 방으로 내 인생을 날려 버려? 이게 말이 돼?" 이렇게 내내 화를 내고 있었던 것입니다. 우리 모두가 겪는 일입니다. 왜 그런지 알 수가 없어 '이게 뭔가' 하고 묻는 우리에게 성경은 이런 답을 제시합니다. 시편 105편 17절입니다.

> 그가 한 사람을 앞서 보내셨음이여 요셉이 종으로 팔렸도다 그의 발은 차꼬를 차고 그의 몸은 쇠사슬에 매였으니 곧 여호와의 말씀이 응할 때까지라 그의 말씀이 그를 단련하였도다 왕이 사람을 보내어 그를 석방함이여 뭇 백성의 통치자가 그를 자유롭게 하였도다 그를 그의 집의 주관자로 삼아 그의 모든 소유를 관리하게 하고 그의 뜻대로 모든 신하를 다스리며 그의 지혜로 장로들을 교훈하게 하였도다 (시 105:17-22)

요셉은 가장 많이 오해되는 성경 인물 중 하나입니다. 그는 꿈을 가진 소년, 위대한 비전의 사람으로 불리고 있습니다. 우리가 요셉을 그렇게 이해하는 것은 그가 이른 나이에 꾼 꿈 때문인지 모르겠습니다. 그러나 성경은 요셉을 다른 각도로 그려 내고 있습니다. 그의 생애를 통해 성경이 하고 싶은 이야기는 생각보다 깊습니다.

요셉은 형들이 자기 앞에 와서 다 무릎 꿇고 절하는 꿈을 꿉니다. 이후 팔려 가서는 보디발 아내의 유혹에도 하나님을 두려워함으로 자신의 믿음을 지켰고, 무고를 당하여 감옥에 갔으나 결국 바로의 꿈을 해석하고 총리가 됩니다. 그래서 우리는 그를 꿈을 가진 사람, 믿음을 가진 사람, 그리하여 승리한 사람이라고 쉽게 결론을 내립니다. 그러나 우리가 하나 기억할 것이 있습니다.

꿈을 꾸고 싶은 대로 꾸는 사람은 없습니다. 꿈은 철저히 수동적인 것입니다. 꿈은 꾸어지는 것입니다. 요셉은 스스로 그런 비전과 소원을 세운 것이 아닙니다. 어느 날 자기도 모르게 꿈을 꾸고, 자기가 생각하기에도 말이 안 되어 형들에게 이야기한 것입니다. 그게 그의 야심이었으면 그걸 함부로 말했겠습니까? 형들을 무릎 꿇리겠다는 야심을 가졌으면 어떻게 그 꿈을 발설했겠습니까? 자기도 기가 막혀 말한 것인데, 형들은 가뜩이나 미운 놈이 꿈까지 그렇게 꿨다고 하니까 저 놈을 죽이자고 하기에 이른 것입니다. 그래서 실제로 죽이려고 했는데, 형제 중 하나가 죽이면 뭐하냐고 해서 지나가던 이스마

엘 상인들에게 팝니다. 요셉은 그렇게 졸지에 노예가 됩니다. 성경에는 '그가 여호와를 의지하여 형통한 자가 되었다'라고 기록되어 있지만 이 말이 나올 때마다 상황은 더 나빠지는 것 같습니다. 요셉은 충성했지만 노예가 되고 감옥에 가고 차꼬를 차고 몸이 쇠사슬에 묶입니다.

요셉의 생애를 그려 내는 시편 105편 17절부터 22절까지에서 주목할 점은 요셉의 삶이 전부 수동태로 묘사된다는 점입니다. 요셉이 자신의 의지로 선택해서 이루어 낸 것은 하나도 없습니다. "그가 한 사람을 앞서 보내셨음이여 요셉이 종으로 팔렸도다 그의 발은 차꼬를 차고 그의 몸은 쇠사슬에 매였으니 곧 여호와의 말씀이 응할 때까지라 그의 말씀이 그를 단련하였도다." 요셉은 철저히 피동적인 자리에 서 있습니다. 심지어 나중에 승리하는 모습까지도 그렇습니다. "왕이 사람을 보내어 그를 석방함이여 뭇 백성의 통치자가 그를 자유롭게 하였도다." 요셉은 탈출한 것도 아니고 시험에 합격한 것도 아니고 석방됩니다. 바로가 한 일입니다. 바로가 요셉으로 하여금 자신의 모든 소유를 관리하게 하고 모든 신하를 다스리게 하며 요셉의 지혜로 장로들을 교훈하게 합니다. 요셉은 계속해서 일을 당하고 있습니다. 그는 철저히 묶여 있고 맡겨져 있습니다. 이런 그의 상태가 18절에 이렇게 인상적으로 요약

되어 있습니다. "그의 발은 차꼬를 차고 그의 몸은 쇠사슬에 매였으니." 여기서 몸은 혼이라고 바꿔 읽을 수 있습니다. 몸이 아니라 혼이 묶인 것입니다. 직역하면 그의 혼이 쇠사슬에 꿰었다는 뜻입니다. 우리말에 딱 맞는 표현이 있는데 '혼비백산'이라는 말입니다. 요셉은 자기 인생과 자기 현실을 도무지 이해할 수가 없는 것입니다.

요셉은 바로의 꿈을 해석하고 총리가 됩니다. 꿈대로 풍년인 7년 동안 양식을 저장하여 7년간 이어질 흉년에 대비합니다. 그때 형들이 양식을 얻겠다고 애굽에 옵니다. 형들이 자기 앞에 무릎을 꿇었을 때 요셉은 옛날 자기가 꾼 꿈이 생각납니다. 그때 무엇을 깨달았을까요? 이것이 우연이 아니구나, 하고 비로소 깨닫습니다. 자기가 걸어온 인생이 우연이 아님을 그때서야 압니다. 그 전에는 믿음이 없었던 것이 아니라 그가 속한 현실이, 하나님의 계획이 너무나도 커서 그가 가진 믿음으로는 다 담을 수가 없었던 것입니다. 그로서는 혼비백산 말고 다른 것을 할 겨를이 없었습니다. 기도한다고 뭐가 나왔을까요. 마음을 좀 놓으려고 기도했는데 기도하고 나면 더 불안합니다. 하나님이 답을 안 하시기 때문입니다. 하나님은 쉽게 답을 하시지 않습니다.

회개기도를 생각해 봅시다. 회개기도는 내 마음 하나 편하자고 하는 기도가 아닙니다. 그래서 회개기도는 조심해서 해야 합니다. 이 기도의 목적은 미주알고주알, 옛날 동네에서 제기차기하다가 숫자를 속인 것까지 낱낱이 고해서 본인의 후회와 죄책을 제거하는 데에 있는 것이 아닙니다. 훨씬 크게 생각해야 합니다. 기도는 이런 것입니다. '하나님이 일하시는 것을 믿습니다. 그러나 저로서는 이해되지 않을 때가 많습니다. 제 성질대로 자폭하지 않게 해 주옵소서. 저는 자폭해도 하나님은 저를 놓지 말아 주옵소서.' 성경 전체가 이런 기도를 가르치고 있습니다.

선지자들이 하는 외침도 그런 것입니다. '너희는 이제 망한다. 너희는 포로로 끌려갈 것이다. 너희가 잘못했기 때문이다.' 이 말이 무슨 뜻입니까? 단순히 회개만 촉구하는 것이 아닙니다. 선지자의 말은 '너희가 남의 나라에 잡혀가지만 끝장난 것이 아니다. 그때 가서 아, 그게 끝이 아니었구나 하고 깨달아라'라는 것입니다. 선지자는 핏대를 세우며 성질을 부리고 있지 않습니다. 현실을 이야기하고 있습니다. '너희가 한 것이 무엇인가 봐라. 하나님이 너희가 선택한 결과를 보여 주겠다고 하셨다. 그러나 그것으로 끝이 아니다. 거기가 끝이라면 지금 다 죽여 버리는 게 더 쉽다. 하나님은 당신이 하시는 일을 너희에게 납득시키고 공감시키려고 너희를 외국에 포로로 보내시는 것이다. 그러니 겁먹지 마라. 잘 견뎌라. 자살하지 마라.' 선지자들은 이렇게 말하는 것입니다.

하나님이 하시고자 하는 일이 이해되지 않을 때, 우리는 "하나님, 당연합니다. 제가 금방 알아들으면 하나님이 하나님이시겠습니까? 제가 못나게 구는 것을 깊이 이해해 주옵소서" 이렇게 말해야 합니다.

4

믿음은 시간을 동반합니다. 기다리는 것입니다. 하나님은 일이 어떻게 진행되어 갈 것인지를 말씀하시지 않고, '나는 거룩하다, 나는 다르다, 하늘이 땅에서 높음같이 내 생각은 다르다, 나는 신실하다, 나는 전능하다, 나는 자비롭다, 나는 너희를 사랑한다, 걱정 마라' 하고 말씀하십니다. 사실 이보다 더 큰 약속이 어디 있습니까? 그런데도 우리는 마치 카드 한도액 따지듯 '내 행위가 선을 넘었나요, 안 넘었나요?'만 묻습니다. '여기까지는 해도 됩니까, 하지 말아야 됩니까?'만 관심사입니다. 그러나 하나님은 그런 질문에 답하시지 않습니다. '괜찮다. 카드 한 번 더 써도 된다' 같은 답은 안 주십니다.

대신 하나님은 '나는 네 편이다. 그렇기 때문에 쉽게 끝나지 않는다' 하고 말씀하십니다. 뒷부분은 없으면 좋겠지요? 우리도 편하고 하나님도 편하게 말입니다. 그러나 그렇게 못하겠다는 것이 구약 전체가 증언하는 내용입니다. 구약 내내 하나님은 하나님이 정하신 목적과 내용과 방법을 타협하지 않으십니다. 무서운 하나님이십니다. 타협하셨다면 재앙도 없었을 것입니다. 그러나 재앙이 없으면 영광도 없을 것입니다. 이것이 성경이 하는 이야기입니다.

하나님은 우리가 묶인 자리에서, 우리에게 일어나는 모든 어려움 속에 일하십니다. 요셉은 온 세상을 구합니다. 애굽이 오판하여 잡아넣은 죄수가 애굽을 구하고 애굽뿐만 아니라 세상을 구합니다. 자기네가 중죄인이라고 잡아넣은 자에 의하여 애굽과 세상이 구원을 받습니다. 조금 더 확장해 봅시다. 형들은 요셉을 팔아먹어서 구원을 받습니다. 말이 안 됩니다. 요셉은 억울하게 붙들려 와서 혼비백산하여 묶여 있었는데 총리가 됩니다. 이 역설과 괴리를, 우리의 기대와 다른 하나님의 일하심을 기억해야 합니다. 우리 생각에 그렇게 흘러가서는 안 될 것 같은 일이 일어납니다. 창조란 없는 데서 만드는 것입니다. 그런데 부활은 최악으로 간 것을 뒤집어 최선으로 간 것보다 더 크게 하는 것입니다. 그것이 십자가입니다.

우리에게는 결과를 내기 위해 갖추어야 할 최소한의 조건도 없어서 두렵습니다. 그런 상태로 하나님을 믿어야 한다는 사실이 막막합니다. 우리에게 막막함과 불안함을 일으키는 저 뒤에 죽음이 있습니다. 죽음이 비난, 비극, 오해, 원망 같은 것들을 앞세워 우리를 몰아댑니다. 우리가 마음에 품는 원망이나 비난이나 오해나 수치의 진짜 주인은 사망입니다. 없어지는 것입니다. 아무것도 아닌 것이 되는 것입니다.

그렇게 두려워 떠는 우리에게 성경을 통해 하나님이 하시는 이야기가 무엇입니까. '그럴 리가 있느냐'는 것입니다. '내가 만들었는데 어떻게 없어지겠느냐.' 예수의 생애에서 증언하고 싶은 것도 바로 이것입니다. 하나님이 약속한 메시야도 그럴 듯한 조건을 갖추고 있지 않습니다. 그분은 그나마 있던 조건도 팽개치셨습니다. 싸우지 않고 묶인 데서 맡겨져 죽습니다. 그러나 그 때문에 하나님이 하시는 일이 방해받거나 제한되거나 타협되지 않았습니다.

우리는 전 생애에 걸쳐 이것을 배울 것입니다. 세상이 우리에게 던지는 도전, 위협의 진면목을 볼 때까지는, 그 거짓말을 확인하기까지는 하나님의 일하심이 이해가 되지 않습니다. 그러나 세상의 위협이 아무것도 아니라는 것을 알게 될 것입니다. 세상은 어떻게 살든 죽음으로 끝납니다. 헛된 것입니다. 세상은 죽음, 그 헛됨을 피할 아무런 방도가 없기에 '잊고 살아라, 살아 있는 동안 해 보고 싶은 거 다 해 봐라' 하고 부추기면서 우리를 속입니다. 우리는 세상에 아직 뭔가 남아 있다고 여길 때마다 세상에게 집니다. 세상이 하라는 것을 하고, 그것을 못하게 되면 하나님을 원망합니다. 세상의 위협 앞에서는 타협하고, 세상이 주는 것을 못 받았다고 하나님을 원망합니다. 그걸 계속 반복하다가, 결국 세상이 약속하는 것은 거짓말이요, 허망한 것이라는 사실을 알게 되는 날이 옵니다. 그때 우리는 웁니다.

하나님이 하신 약속은 너무나 놀랍습니다. 하나님은 우리를 사랑하시고 믿음을 요구하십니다. 사랑과 믿음은 대등한 상대끼리만 사용할 수 있는 단어입니다. 굉장한 대접입니다. 우리의 마음 외에는 아무것도 요구하시지 않습니다. '네 마음을 다오. 나는 처음부터 너희에게 나를 주었다. 예수를 주었다. 무엇이 겁나느냐?'

인간은 언제 멋있습니까? 인간성에 어떤 진전과 성숙이 있어야 합니다. 어디서 그런 기회가 가장 많이 생길까요? 부부 생활 같은 데서 그런 기회가 많이 생깁니다. 누구도 못 꺾는 고집을 상대가 꺾습니다. 혼자서는 절대 받을 수 없는 훈련을 받습니다. 감수하게 되어 마침내 경지에 이릅니다. 부부 생활에서 서로를 감수할 수 있는 실력이 생긴다면, 세상 속에서는 진정으로 명예로운 선택을 할 수 있게 됩니다. 묶인 인생을 살수 있게 되고 그 속에서 명예를 발견할 수 있게 됩니다. 하나님이 우리에게 주신 정황, 조건들이 던지는 도전에 답하는 참된 인생을 살 수 있습니다.

살아 보면, 정직해서는 상을 받지 못합니다. 그러나 정직은 그 자체로 명예입니다. 설득을 하거나 변명을 하거나 공감을 자아내는 것은 부차적인 일입니다. 우리가 흔히 쓰는 '하나님은 아셔' 이런 말도 할 필요가 없습니다. 정직한 것, 성실한 것, 진실한 것은 그 자체가 명예입니다. 누구를 용서하는 것, 누구의 말을 들어 주는 것, 다 명예로운 일입니다. 누구를 이기는 싸움이 아니라, 누가 더 하나님이 만드신 형상에 접근하는가 하는 싸움입니다.

'너희가 너희를 사랑하는 자를 사랑하면 이방인보다 나을게 뭐가 있느냐? 이방인들도 그렇게 하지 않느냐? 하늘 아버지의 온전하심과 같이 너희도 온전하라.' 굉장한 말입니다. 사람들에게 인정받는 윤리를 말하는 것이 아닙니다. 하나님의 형상을 담는 일입니다. 그러니 우리의 현실 속에서 진실하고 정직해야 합니다. 쉽게 보상을 요구할 수 있다고 생각할 것이 아닙니다. 하나님이 그렇게 놔두시지 않습니다. 우리는 진실하고 성실해서 혼비백산할 것입니다. 그러나 그렇게 일이 이루어져 갑니다.

우리에게 모든 짐을 떠맡긴, 우리를 괴롭힌 자들이 우리로 말미암아 구원을 받을 것입니다. 바꿔 말하면 우리가 실패한 그 자리가 하나님이 은혜를 담는 자리가 될 것입니다. '져도 된다' 성경이 우리에게 말하는 것입니다. '져도 된다'는 '무책임해도 된다'와 다른 것입니다. 우리가 낸 열심과 진심이 이 세상에서는 보상을 받지 못할 수 있다는 말입니다. 그러나 하나님의 일은 이루어집니다. 그걸 아셔야 됩니다.

우리가 겪는 현실, 지금 우리의 모든 조건은 하나님이 일을 이루시는 방법입니다. 하나님의 지혜이고 능력입니다. 우리가 모자라고 부족하다고 자책만 할 일이 아닙니다. 그 상황이 하나님의 일이 이루어지는 구체적인 현장입니다.

하나님은 우리가 어디에 있든 어떤 못난 모습이든 우리의 입술로 '하나님, 나의 아버지'라고 부르기를 원하십니다. 우리가 아무리 못났어도 상관없습니다.

'사랑'이라는 말이 이제 얼마나 진부합니까? 그러나 연애를 할 때 상대방 입술에서 나오는 그 말은 전혀 진부하지 않습니다. 우리의 조건, 우리의 구체적 현실, 우리의 상황, 우리의 능력에서 '하나님, 사랑합니다. 하나님, 믿습니다. 그래서 저, 감수하겠습니다'라는 말이 나와야 합니다. 그렇게 모세 이야기, 다윗 이야기에 각자의 이야기를 이어 가십시오.

기도

하나님 아버지, 하나님은 살아 계시고 지금도 일하십니다. 우리가 믿고 고백하는 바입니다. 그리고 우리와 함께하십니다. 그것이 우리의 인생입니다. 믿음을 가지고 충성하게 해 주옵소서. 넉넉한 마음으로 살게 하옵소서. 웃을 수 있게 하시고 감당할 수 있게 하사, 하나님을 아버지라 부르는 것을 명예로 아는 우리의 존재가 이 세상과 이웃 앞에 하나님의 일하심을 증거하는 수단이 되게 하옵소서. 예수님 이름으로 기도합니다. 아멘.

3

정체성

예수를 믿는 사람은 다른 모든 사람 속에 하나님의 뜻과 기쁨심을 채우는 것을 자신의 책임으로 갖습니다. 하나님의 뜻은 그렇게 이루어집니다. 이것이 신자의 지위요, 정체성입니다.

1 형제들아 사람이 만일 무슨 범죄한 일이 드러나거든 신령한 너희는 온유한 심령으로 그러한 자를 바로잡고 너 자신을 살펴보아 너도 시험을 받을까 두려워하라 2 너희가 짐을 서로 지라 그리하여 그리스도의 법을 성취하라 3 만일 누가 아무 것도 되지 못하고 된 줄로 생각하면 스스로 속임이라 4 각각 자기의 일을 살피라 그리하면 자랑할 것이 자기에게는 있어도 남에게는 있지 아니하리니 5 각각 자기의 짐을 질 것이라 6 가르침을 받는 자는 말씀을 가르치는 자와 모든 좋은 것을 함께 하라 7 스스로 속이지 말라 하나님은 업신여김을 받지 아니하시나니 사람이 무엇으로 심든지 그대로 거두리라 (갈 6:1-7)

1

본문에는 '짐을 서로 지라'라는 중요한 요구가 들어 있습니다. '누가 잘못했거든 짐을 나누어 지고 그를 회복시켜라. 배타적 차별로 자기 확인을 하지 마라' 이렇게 권면하고 있습니다. 배타적 정체성을 갖지 않는 것은, 하나님이 세상의 창조주이시고 주인이시고 우리를 구원하시려는 분이라는 기독교 신앙에 입각할 때에만 가능합니다. 하나님이 우리를 구원하셨고 우리를 통하여 다른 이들도 구원하시는 분이라는 사실을 아는 한, 우리는 남들과의 배타적 차별로 자신의 정체성을 확인하지 않습니다. '나는 믿는데 너는 안 믿는다'는 식의 구별로 자신의 우월함을 확보하지 않습니다. 저 사람도 결국 믿게 하려고 하나님이 기다리고 계신다, 나는 먼저 믿은 자에 불과하고 저 사람도 나중에 결국 믿을 것이라는 마음을 품고 기다려 줍니다.

이렇게 생각하려면 먼저 너와 나를 분명하게 구별하여야 합니다. '너는 너'이고, '나는 나'입니다. 누군가를 이해한다는 것은 내가 그 사람이 되거나 그 사람이 내가 되는 것을 의미하지 않습니다. 너와 나는 다르지만, 내가 네 뜻에 대하여 공감한다고 말하는 것입니다. 너와 나의 구별이 없으면 혼합이나 타협이 있을 뿐입니다. 성경은 혼합이나 타협을 가르치지 않습니다.

우리 각각은 서로 다릅니다. 그렇게 각각이 다름으로써 전체가 다양해지고 풍성해집니다. 비유하자면 그렇게 화음이 만들어지는 것입니다. 세상에서는 상대를 대부분 경쟁자나 위협하는 존재로 여깁니다. 이기기 위해서는 상대방을 없애거나 짓밟아야 합니다. 그래서 나와 다른 의견을 들어 주지 못합니다. 내 말이 상대방에게 권력이 되고 상대방을 조작하는 힘이 되기를 원하기 때문에 남이 나와 다른 소리를 하거나 다른 뜻을 가지는 꼴을 못 봅니다. 내가 싫어하는 옷만 입고 나와도 견디지 못합니다.

신자들이 겪는 시험 중 하나가 예수 믿는 존재로서의 적극적인 정체성을 갖지 못해, 다른 누군가를 끌어들여 배타적 차별로 자신의 정체성을 확인하려고 하는 것입니다. 앞 장에서 우리는 하나님이 우리에게 허락하시는 정황을, 우리에게 주신 한계를 수용해야 한다는 점을 살펴보았습니다. 그것은 지금까지 우리가 자신의 정체성을 확인하던 방식, 곧 능력이나 확신에 따라 비교 우위를 확인하는 방식과는 전혀 다른 이해였습니다.

그렇다면 무엇으로 우리의 정체성을 확인할 수 있을까요?

갈라디아서 6장은 우리가 남보다 우월한 자이거나 혹은 모든 문제를 해결할 수 있는 자로 존재할 필요가 없다고 합니다. 하나님이 우리 각자에게 부여하시는 각각의 조건 속에서 한계를 지닌 채로 존재해도 충분하다는 것입니다. 또 그런 조건 속에 살면서 짐을 나누어 지라고 합니다. '짐을 나누어 진다'는 것은 무슨 뜻일까요? 본문 1절에서는 '그러한 자를 바로잡고'라고 권면하는데 '바로잡는다'는 것은 상대를 교정하라는 것이 아니라 회복시키라는 것입니다. 영어 표현으로는 'restoration'입니다.

팔이 부러져 병원에 가면 석고 붕대로 고정하여 팔을 목에 붙들어 맵니다. 그러면 팔을 못쓰는 것도 고생이지만 부러진 팔 때문에 목이 고생합니다. 목은 평상시에도 큰 하중을 견디고 있습니다. 돌머리를 이고 있기 때문입니다. 가뜩이나 무거운 돌머리를 이고 있는 데다 깁스한 팔까지 얹어 놓으면 목은 죽을 지경입니다. 차라리 팔이 없는 게 나을 것 같습니다. 그러나 그렇지 않습니다. 회복되면 팔이 다시 제 일을 하게 되지만 팔을 없애면 불구가 되어 더 불편해지기 때문입니다.

하나님은 우리에게 목처럼 살라고 하시는 것입니다. 목은 정말 귀찮은 역할을 부여받았습니다. 목은 우리가 평상시에 가장 많이 쓰는 부위입니다. 말할 때마다 끄덕거리고 성질낼

때는 뒷목 잡고 쓰러집니다. 당구라도 치다가 공이 안 맞으면 고개를 젖히고 목을 휘젓습니다. 춤출 때나 노래 부를 때도 목은 격하게 흔들립니다. 톡 하면 부러지고 꺾일 것 같습니다. 목은 억울합니다. 그런데 하나님이 우리에게 목이 되라고 하십니다. 짐을 나누어 져서 상대방이 회복되는 일을 하라고 하시는 것입니다. 상대방의 말을 들어 주느라 괴로운 존재, 상대방의 처지를 인정해 주는 아무것도 아닌 존재가 되라고 하십니다. 그래도 괜찮으니 그렇게 살라고 하십니다. 본문을 다시 봅시다.

> 형제들아 사람이 만일 무슨 범죄한 일이 드러나거든 신령한 너희는 온유한 심령으로 그러한 자를 바로잡고 너 자신을 살펴보아 너도 시험을 받을까 두려워하라 너희가 짐을 서로 지라 그리하여 그리스도의 법을 성취하라 만일 누가 아무 것도 되지 못하고 된 줄로 생각하면 스스로 속임이라 (갈 6:1-3)

누가 팔이 부러졌는데 옆에서 '내 팔은 괜찮아'라고 한다면 잘하는 것일까요? 그게 무슨 말이 되는 태도이겠습니까. "어쩌다가 부러졌어? 얼마나 있어야 낫는데?"라고 걱정해 주어야지, "잘라야 된대?"라고 물으면 되겠습니까. 마치 이 기회에 팔이 아예 잘리기를 바라는 것처럼 '왜 그냥 자르지 않고 묶고 왔어?' 이런 얼굴을 하고 있으면 나쁜 사람입니다. 그러나 뜻밖에 많은 그리스도인이 세상을 그렇게 삽니다. '예수도 안 믿는다고? 예수도 안 믿는 주제에 팔을 달고 살겠다고?' 그런 마음이 우리 눈빛에 드러납니다.

우리는 우리의 정체성을 적극적으로 이해하지 못하고 있습니다. 예수를 믿는 명예가 무엇인지, 우리의 역할이 무엇인지, 실제로 하나님이 하시는 일이 무엇인지 모릅니다. 국가대표는 나라의 우수성을 증명하는 데 의의가 있는 것이 아니라 국민들을 행복하게 해 주는 데에 의의가 있습니다. 어떤 영웅이 나오든 그는 관중을 위하여 있는 것입니다. 관중의 행복을 위하여 존재합니다. 영웅의 역할을 하여 모두의 마음에 행복을 주는 것입니다.

예수를 믿는 사람은 다른 모든 사람 속에 하나님의 뜻과 기쁘심을 채우는 것을 자신의 책임으로 갖습니다. 하나님의 뜻은 그렇게 이루어집니다. 이것이 신자의 지위요, 정체성입니다. 이것이 기독교가 하려는 이야기입니다. 이것을 알면 비로소 자랑할 것이 자기에게만 있는 줄 알게 된다고 합니다. 각각에게 주어진 몫이 있다는 것을 알게 되어 비교 우위로 자신을 확인하지 않습니다. 내가 하는 일이, 하나님이 당신의 나라를 넓히시고 깊게 하시고 키우시고 채우시기 위한 하나님의 손길이라는 것을 압니다. 이것이 기독교인이 가져야 하는 자기 조건, 자기 환경, 자기 현실에 대한 가장 중요한 이해여야 합니다.

2

하나님은 우리 존재 각각을 소모품이 아닌, 하나님의 목적과 대상으로 삼고 또 하나님의 큰일에 동역자로 부르시고 있습니다. 그러니 각자의 조건, 각자의 지위, 각자의 형편 속에서 자신 있게 서 있으라고 하십니다. 그런데 이 말씀대로 하는 것이 무엇인지 우리에게는 아직 분명하지가 않습니다. '그냥 가만히 멀대같이 서 있으라는 것입니까?' 하는 생각이 듭니다.

내가 처한 지위, 조건, 한계, 현실이 하나님이 일하시는 가장 완벽한 방법이라면 그 속에서 우리가 제대로 가고 있는지는 어떻게 확인할 수 있을까요. 또 내가 맡은 책임이 무엇인지 어떻게 확인할 수 있을까요. 이 문제에 대해서 마태복음 7장이 가르쳐 줍니다.

거짓 선지자들을 삼가라 양의 옷을 입고 너희에게 나아오나 속에는 노략질하는 이리라 그들의 열매로 그들을 알지니 가시나무에서 포도를, 또는 엉겅퀴에서 무화과를 따겠느냐 이와 같이 좋은 나무마다 아름다운 열매를 맺고 못된 나무가 나쁜 열매를 맺나니 좋은 나무가 나쁜 열매를 맺을 수 없고 못된 나무가 아름다운 열매를 맺을 수 없느니라 아름다운 열매를 맺지 아니하는 나무마다 찍혀 불에 던져지느니라 이러므로 그들의 열매로 그들을 알리라 나더러 주여 주여 하는 자마다 다 천국에 들어갈 것이 아니요 다만 하늘에 계신 내 아버지의 뜻대로 행하는 자라야 들어가리라 그 날에 많은 사람이 나더러 이르되 주여 주여 우리가 주의 이름으로 선지자 노릇 하며 주의 이름으로 귀신을 쫓아 내며 주의 이름으로 많은 권능을 행하지 아니하였나이까 하리니 그 때에 내가 그들에게 밝히 말하되 내가 너희를 도무지 알지 못하니 불법을 행하는 자들아 내게서 떠나가라 하리라 (마 7:15-23)

유명한 경고입니다. 우리는 하늘에 계신 아버지의 뜻대로 행하는 자여야 합니다. 아버지의 뜻은 무엇일까요? 우리가 아름다운 열매를 맺는 아름다운 나무가 되어야 합니다. 아름다운 열매를 맺는 아름다운 나무가 되는 것은 굉장히 어려운 문제입니다. 우리는 진심을 품고 열심을 내면 좋은 열매를 맺을 수 있다고 생각합니다. 그러나 열매를 맺으려면 먼저 그 나무가 되어야 합니다.

열매 이름은 나무 이름입니다. 나무의 정체를 나타내는 것은 열매이기 때문입니다. 배나무와 사과나무를 구분할 줄 아십니까? 쉽게 구분하는 방법은 열매가 열렸을 때 확인하는 것입니다. 사과가 달려 있으면 사과나무이고, 배가 달려 있으면 배나무입니다. 맺히는 열매가 나무의 이름이 됩니다. 그러니까 아버지의 뜻대로 행하려면 열매를 맺으려고 노력할 것이 아니라 먼저 나무가 되어야 합니다.

'아름다운 열매를 맺지 아니하는 나무마다 찍혀 불에 던져지느니라'라는 말씀에서 핵심은 열매를 많이 맺어야 한다는 것이 아니라 그 나무여야 한다는 것입니다. 열매를 맺는 것이 문제가 아니라, 그 열매가 달리는 나무, 사과가 달릴 수밖에 없는 사과나무가 되어야 한다는 말입니다. 정체성은 여기에서 확인됩니다. 예수를 믿어 하나님의 자녀가 된 우리의 정체성은 아름다운 열매를 맺을 수 있는 아름다운 나무가 되는 것에서 찾을 수 있습니다.

나무가 되면 열매가 맺히는 것은 당연합니다. 그런데 이 당연해 보이는 일이 잘 이루어지지 않습니다. 나무가 되는 일에는 신경 쓰지 않은 채 열매만 맺으려고 하는 데다가, 우리가 맺으려는 열매조차도 진심, 열심, 성공 같은 것이기 때문입니다. 사과나무가 되어 사과 열매를 맺으려는 것이 아니라 열심과 진심만을 맺으려고 합니다.

나무가 되어서는 얼마나 더 열심이나 진심을 보이고 있느냐가 아니라, 나무의 열매를 맺는 일이 중요합니다. 신자가 맺는 열매는 어떤 것일까요. 갈라디아서 5장 22절 이하에서는 그것을 성령의 열매, 곧 사랑과 희락과 화평과 오래 참음과 자비와 양선과 충성과 온유와 절제라고 가르칩니다. 우리는 이 열매를 맺어야 합니다. 우리가 쉽게 떠올리는 진심, 열심, 옳음은 열매가 아닙니다. 그런 것들이 열매를 맺기 위한 어떤 방향이나 방법으로 도입될 수는 있어도 그것들 자체는 열매가 아닙니다.

진심은 소원의 강도를 나타내는 것에 불과하기 때문에 그것은 열매일 수도, 열매를 만들어 낼 수도 없습니다. 진심만으로는 다른 사람을 책잡을 뿐 그것으로 자기 정체성을 확인할 수는 없습니다. 자기의 정체성을 자기 속에서 내용으로 확인할 수 없게 되면, 우리는 다른 사람의 흠을 잡아서 비난하고 정죄하는 방식으로 자신의 정체성을 확인하게 됩니다.

지금 한국 교회가 직면한 현실이 무엇이라고 생각합니까?

믿는 사람들의 표정이 나쁘다는 데에서 그 실마리를 찾을 수 있습니다. 예수를 믿는데 표정이 좋지 않습니다. 교회가 문을 닫고 선교가 줄어들고 사회의 비난을 받는 것이 문제가 아니라 믿는 사람들의 얼굴에 기쁨이 없다는 것이야말로 문제입니다. 교회가 부흥하고 나라가 발전하는 것은 성경에 약속되지 않았습니다. 그러나 예수를 믿는 사람들이 하나님을 아는 기쁨과 예수를 믿는다는 고백이 주는 만족을 얻게 된다는 것은 성경에 약속되어 있습니다. 그런데 신자에게 이런 기쁨과 만족이 없으니 큰 문제입니다.

진정으로 기쁨과 만족을 얻으려면 세상의 위협과 시험과 우리 속에 있는 헛된 욕망들과 싸워 신앙에 대한 고백이 이 모든 것을 이겨 내는 자리까지 와야 합니다. 그런데 우리는 이 중요한 싸움은 놓쳐 버리고 그저 우리의 진심과 능력이 보상받기를 바라고 내 존재 가치가 우월하기를 바랄 뿐입니다. 성경은 우리에게 무엇을 말하고 있습니까. '아름다운 열매를 맺는 것은 아름다운 나무이다. 좋은 나무가 나쁜 열매를 맺을 수 없고, 못된 나무가 아름다운 열매를 맺을 수 없다. 너희는 아름다운 나무가 되라고 부름 받아 그 열매를 맺을 수 있게 되었다. 그런데도 너희는 열매를 맺지 못하고 있다'라는 것입니다. 그러면 이제 어떻게 될까요.

그 날에 많은 사람이 나더러 이르되 주여 주여 우리가 주의 이름으로 선지자 노릇 하며 주의 이름으로 귀신을 쫓아 내며 주의 이름으로 많은 권능을 행하지 아니하였나이까 하리니 그 때에 내가 그들에게 밝히 말하되 내가 너희를 도무지 알지 못하니 불법을 행하는 자들아 내게서 떠나가라 하리라 (마 7:22-23)

이 말씀으로 안심이 되어야 합니다. '다행이다. 머리를 키워야 할 문제가 아니구나. 잘생기고 못생기고의 문제가 아니구나' 하고 안심할 수 있습니다. 그런데 이 말씀을 읽을 때면, 모두가 그나마 갖고 있던 것까지 빼앗긴 얼굴을 합니다. 그러면 이제 어쩌란 말인가 하고 말입니다. 기독교가 무엇인지 생각하십시오. 하나님이 누구신지, 우리에게 무엇을 원하시는지, 우리에게 구원을 베푸셨다는 것은 무엇이 가능해졌다는 이야기인지를 좀 깨달으십시오. 무엇이 가능해졌습니까. 지금 우리가 할 수 있는 것이 있습니다. 모두에게 허락되어 있는 것이 있습니다. 누구나 어디서나 할 수 있는 일입니다. 꼭 이겨야 할 필요도 없고 더 잘나야 하는 문제도 아닙니다.

하나님은 한 인격과 존재를 구체적 시간과 공간 속에 보내어 그 사회와 이웃들 속에서 각자의 인격, 각자의 존재로서 하나님을 믿는 자의 자신감을 갖고 믿음 위에 서는 반응을 하라고 하십니다. 이것이 우리에게 주어져 있는 책임입니다. 팔이 부러지면 네 일 제쳐 두고 네가 가서 팔이 되고, 머리가 부서지면 네 일 미루고 네가 가서 머리가 되라는 것이 아니라, 너는 네 몫을 해라, 네 짐을 져라, 네 자리를 지키라고 하는 것입니다. 우리 각각이 다 만족스러울 수 있다는 약속입니다.

누가 더 잘하는지, 누가 더 유능한지, 누가 더 유명한지에 대하여 시샘하거나 열등감을 느낄 필요가 없습니다. 다른 사람들이 있어서 내가 도움을 받을 수 있고, 내가 있어서 그들이 위대해질 수 있습니다. 혼자서 1등을 하는 것은 의미가 없습니다. 내가 2등을 해야 다른 친구가 1등을 할 수 있는 것입니다. 우리 모두가 이런 지위를 가지고 있다는 것을 알면 우리의 인생, 현실, 조건, 한계에 대하여 자신감을 가질 수 있습니다. 그런데 우리에게는 이 자신감이 없습니다.

3

제가 신학을 공부하던 시절에는 신앙 서적이 거의 없었습니다. 유일한 책이 《죽으면 죽으리라》였습니다. 저자는 감옥까지 갔는데 순교하지 못해 생긴 평생의 열등감 때문에 이 책을

썼습니다. 순교를 허락받지 못한 죄인이라는 심정으로 책을 쓴 것입니다. 당시는 순교를 신앙생활에서 최고의 증언으로 여겼던 때입니다. 하나님의 일하심의 적극적 측면을 담아낼 정황이 아직 못되었던 것입니다. 지금은 그때로부터 몇 세대가 지나왔습니다. 신앙의 절정을 순교라고 생각하던 시대로부터, 부흥이라고 여겼던 시대를 거쳐 지금 이 시대에 이른 것입니다.

순교는 무엇이고, 부흥은 무엇일까요. 순교 시대에, 부흥 시대에 태어나지 않은 우리는 무엇을 할 수 있을까요. 순교도 부흥도 없는 이 시대에는 할 일이 없을까요? 아닙니다. 순교의 시대, 부흥의 시대와 마찬가지로 동일하게 살아 계신 하나님이 지금 이 시대, 의심의 시대, 분노의 시대에도 일하십니다. 누구나 끝까지 살아남는 영웅이어야 하는 것이 아닙니다. 살아남는 것도 죽는 것도 다 하나님이 주신 몫입니다. 각각의 인생 속에 하나님이 함께하시며 주시는 특별한 일들이 있습니다. 우리는 그 일에 믿음과 순종으로 응답할 수 있습니다.

돌이켜 보면 순교 시대가 끝나고 부흥 시대가 오기 전, 50년대와 60년대의 20년 가까운 세월 동안 한국 교회는 신앙의 적극적인 면에 대해 설교할 내용이 없었던 것 같습니다. 제가 주일학교 다니던 시절의 설교들은 다 옛날 사람에 대한 이야기였습니다. 주기철 목사님, 최권능 목사님, 손양원 목사님, 이런 위인들 이야기로 지나간 과거를 회상하곤 했습니다. 옛날로 돌아가서 한바탕 울고 돌아오는 설교를 했던 것입니다. 그런데 매주 그럴 수는 없으니까 한 번씩 별식으로 나왔던 것이 '천주교는 왜 잘못되었는가' 하는 주제였습니다. 이런 이야기를 하는 것은 한국 교회의 역사적 현실을 이해하기 위해서입니다. 한국 교회 강단은 예수를 믿는 일의 적극적인 내용을 생각할 겨를이 없었습니다. '목숨을 걸고라도 지킨다'는 각오는 있었지만 그다음은 뭔지 몰랐습니다. 그래서 우리와 다른 천주교를 욕하는 것이 다였습니다. 지금도 그렇습니다. 지금도 자기 신앙고백의 내용을 현실 속에서 확인하지 못할 때면 자기와 다른 이들을 향해 틀렸다고 화를 냅니다. 못난 짓입니다.

단순히 선을 행하고 악을 버리는 선택의 문제를 말하는 것이 아닙니다. 우리만이 할 수 있는 것을 하지 않고 있는 것, 그 사실조차 모르고 있는 것이 문제입니다. 하나님의 부름을 받아 그분의 자녀가 되었음에도 그 삶이 무엇인지, 그 열매가 무엇인지 모르고 있다는 이 지적이 얼마나 심각한 것인지 알아야 합니다. 주의 이름으로 선지자 노릇하고 귀신을 쫓아내고 많은 권능을 행하는 것으로 우리가 해야 할 일을 대체해 버리는 것에 대해 성경은 엄히 경계하고 있는 것입니다. 이 엄한 경계 뒤에 비유가 이어집니다.

> 그러므로 누구든지 나의 이 말을 듣고 행하는 자는 그 집을
> 반석 위에 지은 지혜로운 사람 같으리니 비가 내리고 창수가
> 나고 바람이 불어 그 집에 부딪치되 무너지지 아니하나니 이
> 는 주추를 반석 위에 놓은 까닭이요 나의 이 말을 듣고 행하
> 지 아니하는 자는 그 집을 모래 위에 지은 어리석은 사람 같
> 으리니 비가 내리고 창수가 나고 바람이 불어 그 집에 부딪
> 치매 무너져 그 무너짐이 심하니라 (마 7:24-27)

한 사람은 반석 위에 집을 지었고 한 사람은 모래 위에 집을
지었습니다. 주의 말씀을 듣고 행한 사람은 반석 위에 집을 지
은 사람입니다. 주의 말씀을 듣고 행치 않은 사람은 모래 위에
집을 지은 사람입니다. 그런데 이 대조는 주의해서 살펴볼 필
요가 있습니다. 둘 다 주의 말씀을 들었는데 행한 자와 행치
않은 자를 대조하는 것이라면 집을 짓는 행위의 여부가 대조
되어야 맞습니까, 반석과 모래가 대조되어야 맞습니까? '내 말
을 듣고 행하는 자'와 '내 말을 듣고 행하지 아니하는 자'로 되
어 있으니 들은 것은 같고, 행하는 것과 행하지 않는 것을 대
조하는 것 같습니다. 그렇다면 집을 짓는 행위를 대조해야 맞

습니다. 그런데 이 비유는 집을 짓는 행위의 여부를 대조하지 않고 주추를 놓는 기초인 반석과 모래를 대조하고 있습니다.

이 비유는 문맥을 고려하지 않으면 오해하기 쉽습니다. 양쪽 다 집은 지었습니다. 그런데 한쪽은 무너지지 않고 다른 한쪽은 무너집니다. 집이 무너지지 않은 이유는 반석 위에 지었기 때문이고, 집이 무너진 이유는 모래 위에 지은 탓입니다. 그러니 대조되는 것은 '듣고 행한 자'와 '듣는 것과 상관없이 행한 자'의 대조입니다. 즉 행하기는 행했는데 들은 대로 행하지 않은 것을 가리키는 것입니다. 여기에 이 비유의 핵심이 있습니다. 앞에 나온 나무 이야기와 연결되는 것입니다.

아름다운 나무가 되지 않는 한 아름다운 열매를 맺을 수는 없습니다. 아름다운 나무가 되는 것은 우리가 선택한 일이 아닙니다. 그것은 하나님이 예수 안에서 우리에게 허락하신 것입니다. 그렇게 우리는 새로운 정체성, 새로운 존재, 새로운 생명을 부여받아 새로운 인생을 살게 되는 것입니다. 그래서 이제 우리는 해야 할 일이 생겼습니다. 그런데 그것을 안 하고 있습니다. 들었는데 안 하는 것도 문제이지만, 우리만이 할 수 있는 일이라고 말씀하신 그 일을 해야 하는데 주의 말씀을 듣고도 다른 것을 하고 있는 것이 더 큰 문제입니다. 믿는다고 하면서, 신앙고백을 하면서도 자기가 하고 싶은 것을 합니다.

들은 것과 상관없이 우리는 자꾸 우리의 진심과 성실과 소원을 꺼내 놓습니다. 우리가 행하는 모든 것이 집을 짓는 기초인 반석 위에 있고, 새로운 열매를 맺게 하는 나무로부터 나오는 것이어야 하는데 말입니다. 반석에 기초하면, 아름다운 나무가 되면, 어떤 열매를 맺게 되는지 갈라디아서 5장에서 가르칩니다.

> 내가 이르노니 너희는 성령을 따라 행하라 그리하면 육체의 욕심을 이루지 아니하리라 육체의 소욕은 성령을 거스르고 성령은 육체를 거스르나니 이 둘이 서로 대적함으로 너희가 원하는 것을 하지 못하게 하려 함이라 너희가 만일 성령의 인도하시는 바가 되면 율법 아래에 있지 아니하리라 육체의 일은 분명하니 곧 음행과 더러운 것과 호색과 우상 숭배와 주술과 원수 맺는 것과 분쟁과 시기와 분냄과 당 짓는 것과 분열함과 이단과 투기와 술 취함과 방탕함과 또 그와 같은 것들이라 전에 너희에게 경계한 것 같이 경계하노니 이런 일을 하는 자들은 하나님의 나라를 유업으로 받지 못할 것이요 오직 성령의 열매는 사랑과 희락과 화평과 오래 참음과 자비와 양선과 충성과 온유와 절제니 이같은 것을 금지할 법이 없느니라 (갈 5:16-23)

여기서 말하는 성령의 열매는 나무의 판별 기준, 즉 우리 정체성의 판별 기준이 됩니다. 우리가 가장 중요하다고 여기는 것, 옳다고 여기는 것들을 이루려고 할 때 어떤 모습이 나타나는지 보십시오. 옳은 일을 할 때에도 죄가 들어올 수 있습니다. 마태복음 6장은 우리가 구제할 때, 기도할 때, 금식할 때도 죄가 들어올 수 있다고 경고합니다. 사람에게 보이려는 구제, 사람에게 보이려는 기도, 사람에게 보이려는 금식은 하나님이 보시지 않습니다. 그러니 옳은 일을 한다고 하여 늘 옳은 것이 아닙니다. 옳은 일에도 죄가 들어올 수 있기 때문입니다. 옳은 일을 한다고 했는데 육체의 일만 이루어지고 오히려 남는 것은 싸움밖에 없을 때가 있습니다. 갈라디아서는 옳은 일을 통해 맺어야 할 열매를 말하고 있습니다. 옳은 일을 옳게 하면, 즉 성령이 인도하시는 대로 살면, 이 열매가 생긴다, 사랑과 희락과 화평과 오래 참음과 자비와 양선과 충성과 온유와 절제가 그것이다, 라고 말하는 것입니다.

4

평생을 사역자로 살아온 목회자들을 두 부류로 나누어 볼 수 있습니다. 평생의 고생이 원망으로 남는 부류가 있습니다. 반면, 평생의 고생이 감사로 남는 사람들도 있습니다. 많은 사람이 원망으로 마무리를 하는데 그것은 보상이 없다는 이유 때문입니다. 그러나 기억해야 할 것은 우리가 어떤 일에서도 소모품으로 쓰이지 않는다는 사실입니다. 오히려 우리가 겪는 그 모든 일들이 우리 자신을 위하여 있습니다. 우리가 마주하는 사람들에게, 우리가 마주하는 세상을 향해 '너희 때문에 내가 고생이야, 내가 너희를 위해서 얼마나 애쓰는데 어떻게 너희가 나한테 이럴 수 있어?'라고 이야기한다면 기독교가 무엇인지 모르는 것입니다. 우리가 처한 모든 형편은 우리의 위대한 정체성을 드러내는 수단이 됩니다. 죽이고 원망하고 미워하고 분노하는 것밖에 없는 세상 속에서 우리만이 용서, 사랑, 인내, 긍휼을 증언하는 위대한 존재로 서 있는 것입니다.

같은 사람들끼리 모여서는 위대할 틈이 없습니다. 반대 세력이 있어야 위대해집니다. 어리석은 사람들은 테니스를 칠 때 꼭 네트를 걷어 버리자고 합니다. 공이 자꾸 네트에 걸리니까 그렇습니다. 자꾸 아웃이 되니까 라인도 지우자고 합니다. 그러면 경기를 할 수가 없습니다. 네트나 라인은 제한 조건이 아닙니다. 라인은 밟으면 죽으라고 긋는 것이 아니라, 경기를 하기 위해서 긋는 것입니다. 그 제한은 속박이 아니라 예술을 만드는 구체적인 조건입니다. 축구 시합에서 골이 덜 나온다고 골대를 넓히자는 소리가 있습니다. 더 나아가 아예 골대를 없애자, 아무 데나 넣어도 골인으로 쳐 주자고 합니다. 그러나 그렇게 되면 예술은 없어지는 것입니다.

우리에게 있는 모든 불만거리들, 스스로에 대한 불만거리들과 세상에 대한 불만거리들, 그리고 무엇보다도 하나님에 대한 불만거리들은 사실 불만스러워 할 것들이 아닙니다. 그것들이 경기를 가능하게 합니다. 경기장 같은 것입니다. 그리고 심판도 있습니다. 율법이 그것입니다. 율법은 공을 밖으로 찬 사람을 잡아다 죽이려고 만든 것이 아닙니다. 경기를 진행하려고 만든 것입니다. '아웃입니다. 스로인하십시오.' 이렇게 경기를 진행하기 위해서 규칙이 존재하는 것입니다. 이 점을 모르면 경기하는 즐거움을 놓친 채 해설만 하게 됩니다.

야구는 해설이 가장 쉽다고 합니다. 9회 말 투 아웃에 만루, 쓰리 볼 투 스트라이크인 상황입니다. 어떻게 해야 할까요. 해설은 쉽습니다. "잘 보고 쳐야 합니다!" 이런 말은 누구나 할 수 있습니다. 삼진 당하면 뭐라고 합니까. "쳤어야지요!"라고 쉽게 말합니다. 그러나 직접 타석에 서 보면 아무 소리도 안 들립니다. 자기가 뭘 어떻게 했는지도 모릅니다. 홈런을 쳐도 어떻게 쳤는지 기억이 없다고 합니다. 삼진을 당하고 병살타도 치고 공을 치고서 삼루로 뛰어가고 하는 여러 경험을 하면서 훌륭한 선수가 되는 것입니다. 그것이 하나님이 우리 인생에 바라시는 것입니다.

우리에게 있는 짐들은 경기 규칙과 같은 것입니다. 우리의 싸움은 죽고 사는 전쟁이 아닙니다. 그리스도 예수 안에서 이미 확보된 승리를 우리 생애를 통해 증언하는 것입니다. 라인이 있고 네트가 있고 상대 선수가 있습니다. 상대방은 잘하는 선수여야 합니다. 상대 선수는 기어 다니는 어린 아이 같고 우리는 손발 다 써도 된다면 그것은 희롱이지 경기가 아닙니다. 하나님이 우리 인생에 무엇을 이루시려는지 알고 인생을 살아가야 합니다. '하나님이 나와 함께하신다, 내가 할 수 있는 만큼 하게 하신다, 거기에 하나님이 명예를 거신다, 좋다, 나는 하나님이 나를 믿어 주시고 내 인생을 맡겨 주셨으니 믿음으로 그 명예에 걸맞게 최선을 다하겠다.' 경기에는 이렇게 임하는 것입니다.

이런 자랑이 우리를 만나는 사람들에게 전해져야 합니다. 그들에게 설명하거나 그들을 설득해서가 아니라 우리의 존재 자체로, 우리의 반응과 표정으로, 우리의 한숨과 눈물로, 여유와 이해로, 괴로움과 탄식으로 전해져야 합니다.

우리가 우리의 생애를 살아야 하기 때문에 질 수밖에 없는 모든 짐들, 작고 아무것도 아닌 것 같고 왜소하기 짝이 없어 보이는 우리 인생이 결코 작은 것이 아니라고 하나님은 말씀하십니다. 하나님이 우리 모두를 묶어 당신과 연결하셨고 지금도 우리와 일하십니다. 우리 각자가 모두를 책임지고 있고 또 그 모두를 통해서 우리 각자가 크는 것입니다. 여기에 하나님의 무한하심과 위대하심과 하나님의 하나님 되심이 있습니다. 이런 이해 속에 우리 인생을 받아들여야 합니다. 이것이 우리의 고백, 믿음, 명예, 정체성입니다.

기도

하나님 아버지, 은혜를 감사합니다. 우리의 존재, 생각, 판단, 후회, 아쉬움, 원망, 눈물, 한숨, 이 모든 것이 주의 크신 이름으로 합력하여 선을 이룰 것입니다. 우리의 위대한 실체가 증언될 것입니다. 이 믿음, 이 자신감으로 각자의 인생을 살아내는 우리 모두가 되게 하여 주옵소서. 예수님 이름으로 기도합니다. 아멘.

4

명예

하나님이 우리의 어떤 조건이나 선택 속에서도 일하시며 우리에게 괜찮다고 하시니 이제는 의무감에 매이지 않고 신앙생활을 잘해야 합니다. 신앙생활은 명예로운 것이기 때문입니다.

15 그런즉 너희가 어떻게 행할지를 자세히 주의하여 지혜 없는 자 같이 하지 말고 오직 지혜 있는 자 같이 하여 16 세월을 아끼라 때가 악하니라 17 그러므로 어리석은 자가 되지 말고 오직 주의 뜻이 무엇인가 이해하라 18 술 취하지 말라 이는 방탕한 것이니 오직 성령으로 충만함을 받으라 (엡 5:15-18)

1

우리는 대부분 성령 충만을 하나님이 우리 마음에 어떤 특별한 확신을 주시거나 우리에게 비상한 능력을 부어 주시는 사건이라고 생각합니다. 그래서 본문을 대할 때도 '성령 충만'이 그 앞에 나오는 '술 취하는 것'과 대비된다는 점을 놓칩니다. 흔히 성령 충만을 받으라는 권면은 어떤 능력이나 완전함을 갖추도록 격려하는 것이라고 여겨지는데, 본문에서는 '성령 충만'이 왜 하필 술 취하는 것과 대조되어 있을까요? 그 실마리는 18절에서 보듯 술 취하는 것을 방탕한 것이라고 하는 데에서 찾을 수 있습니다.

방탕하다는 말은 우리가 잘 아는 탕자의 비유에도 나옵니다. 집 나간 둘째가 허랑방탕하여 재산을 낭비했다고 합니다. 허랑방탕하다는 것은 '헛되이 썼다', '낭비했다'는 뜻입니다. 성경에서 방탕하다는 것은 시간과 기회를 헛되이 놓쳐 버렸다는 것을 뜻합니다. 그러니 본문에 나온 성령 충만도 시간과 연관 지어 풀어내고 있다는 점을 알 수 있습니다. 16절의 '세월을 아끼라'라는 구절을 눈여겨보아야 합니다. 그러니까 성령 충만을 말하는 이 말씀은 시간을 잘 써라, 기회를 놓치지 마라, 라는 권면에 초점을 두고 있는 것입니다.

시간이란 무엇일까요? 한국 사람들은 유교적 윤리관의 영향 때문에 대부분의 문제를 윤리적 기준으로 판단합니다. 신앙의 수준도 윤리적 잣대로 평가하면서 지금 당장 그가 얼마나 완벽한 사람인가만 묻습니다. 시간이 필요한 과정은 고려하지 않고 완벽함을 따지는 윤리적 명분만으로 판단하는 것입니다. 하지만 우리는 시간 속을 살고 있습니다. 시간에는 시작과 끝이 있고 그 사이가 있습니다.

이 점을 염두에 두면 '성화'도 새롭게 이해됩니다. 성화란 '거룩하게 되는 것'이므로, 아직은 거룩하지 않다는 현재 상태를 전제한 단어입니다. 거룩하게 되어 가는 중이니까 아직 거룩하지 않은 것입니다. 과정을 거쳐서 성화가 완성된다는 것을 모르면 신앙생활에 과정이 있다는 사실을 놓치게 됩니다. 신앙생활에는 하나님이 생명을 만드시고 운명을 완성하시는 과정이 담겨 있습니다. 즉 하나님은 우리로 하나님의 뜻을 이해하게 하시며, 우리의 소원이 더 깊고 높은 곳으로 향하도록 인도받는 과정을 지나게 하십니다. 그런데 이 과정은 우리가 볼 수 없기 때문에 우리에게는 당연히 모호하고 불안합니다.

성경에서 신앙의 본질적 요소로 요구하는 것이 믿음인데, 믿음에서 가장 많이 나타나는 현상은 의심입니다. 확신은 쉽게 생기지 않습니다. 우리가 믿는 것은 하나님의 약속입니다. 그 약속은 하나님이 아직 이루시지 않아 지금은 실체가 보이지 않습니다. 그래서 의심이 생겨납니다. 우리는 인생 내내 이러한 믿음의 씨름을 하게 되어 있습니다. 우리는 더 나은 믿음으로 한 걸음씩 나아가는 것이지, 단번에 추호도 흔들림 없는 완벽한 믿음을 가질 수는 없습니다. 믿음의 길은 구체적인 시간 속에서 걸어가는 것입니다. 신앙생활에서 시간에 대한 이해가 없다면 우리는 살아가는 내내 겁에 사로잡혀 있게 될 것입니다.

2

우리는 대개 이렇게 기도합니다. '하나님 아버지, 하라시는 대로 다할 테니까 이 문제만은 완전히 해결해 주십시오. 그래서 다시는 찾아올 필요 없게 해 주옵소서.' 그런데 한번 생각해 보십시오. 신자들에게는 예수를 믿는 데서 오는 감격스러운 경험이 거의 다 있을 것입니다. 그런데 과거에 그런 경험이 있었다고, 그 후에는 어떤 불만도 없이 행복하게 살게 되던가요? 그렇지 않습니다. 그 감동은 지금도 생생하지만 그럼에도 여전히 불안합니다. 우리는 한 번의 감동으로는 다 해결되지 않는 현실을 살고 있습니다. 이런 현실을 말하면 믿음이 없다는 의심을 살까 봐 말을 못하는 것뿐입니다. 신자의 이런 현실에 대해 성경은 이렇게 가르치고 있습니다. 로마서 5장 8절입니다.

> 우리가 아직 죄인 되었을 때에 그리스도께서 우리를 위하여 죽으심으로 하나님께서 우리에 대한 자기의 사랑을 확증하셨느니라 (롬 5:8)

예수가 우리를 위하여 죽으셨다, 예수 그리스도로 말미암아 우리가 구원을 얻었다, 라는 것은 우리가 다 아는 사실입니다. 여기서 그 선후 관계를 잘 봅시다. 우리가 죄인이었을 때 그리스도께서 죽으셨습니다. 그가 죽었다는 것은 그가 구원 문제를 해결했다는 것을 뜻합니다. 그가 이미 다 이루었다는 것입니다. 언제 이 일을 이루셨습니까? 우리가 죄인이었을 때입니다. 우리가 죄인이었을 때는 언제를 말하는 것입니까? 우리가 구원이 필요한지조차 몰랐을 때, 구원을 요구하지도 않았을 때, 구원에 대하여 노력하지도 의식하지도 않았을 때입니다. 그때 이미 구원이 성취되었다는 것입니다.

예수는 2천 년 전, 역사의 한 구체적인 시점에 오셔서 죽으시고 부활하셨습니다. 우리가 태어나기도 훨씬 전입니다. 그런데 그 일로 우리가 구원을 받았습니다. 예수 그리스도가 2천 년 전에 죽으신 사건이 우리의 구원을 확정해 놓았습니다. 우리에게 일어난 구원은 그 사건을 근거로 하는 것입니다. 우리가 태어나지도 않았을 때 일어난 사건이 지금 우리에게 적용되는 것입니다.

로마서 5장은 대표원리를 말합니다. '아담의 죄 때문에 아담의 후손은 죄를 짓지 않았을지라도 죽는다, 아담과 동일한 죄를 짓지 않아도 단지 아담의 후손이라는 이유만으로 죽는다, 그래서 어린아이도 죽는다, 죽는 것은 다 죗값으로 죽는 것인데 이것은 선조 아담에게서 비롯되었다.' 그리고 이와 똑같은 원리로 구원을 얻습니다. 예수 그리스도로 말미암아 우리는 아담의 후손에서 예수의 후손이 되어 구원을 얻습니다.

그런데 여기서 이해가 안 되는 부분이 있습니다. 왜 하나님은 예수를 믿어 구원 얻게 될 자들을 지금도 여전히 죄인으로 태어나게 하실까요? 믿음이 좋은 부모의 자식도 죄인으로 태어납니다. 유아세례를 베푸는 것은 아이들도 마찬가지로 죄인이기 때문입니다. 유아세례는 '이들에게도 구원이 필요합니다'라는 증언입니다.

모두가 죄인으로 태어납니다. 예수께서 2천 년 전에 구원을 완성하셨는데, 그분이 우리의 구원을 유효하게 하셨는데 왜 여전히 사람을 죄인으로 태어나게 하실까요? 이 문제를 성경은 '시간'이라는 관점에서 설명합니다. 과거에 일어난 예수의 사건이 우리의 운명을 결정해 놓았습니다. 그 든든한 토대 위에서 선조 아담으로 말미암아 우리에게 주어진 죄인의 자리에서부터 출발하여 예수가 이루신 구원을 실제로 경험하라고 주어지는 것이 역사입니다. 과거에 예수님이 오신 사건으로 결정지어진 운명 위에서 사는 것입니다.

우리는 시간이 과거, 현재, 미래 순으로만 흐른다고 생각하기 때문에 시간을 넘나드는 듯한 구원의 역동성을 이해하기가 어렵습니다. 하나님은 알파와 오메가, 시작과 끝이요 처음과 나중이십니다. 시간은 하나님의 피조물입니다. 시간은 하나님 손에 붙들려 있기 때문에 하나님이 원하시는 대로 사용됩니다. 시간은 창조 세계의 질서여서 우리에게는 하나의 규칙이지만, 그 질서가 하나님보다 위에 있는 것은 아닙니다. 하나님은 어떤 일을 시작만 하시고 이후에는 우리의 선택이나 우연에 의해서 그것이 어떻게 흘러가는지 관망하시는 분이 아닙니다. 하나님은 의도한 것을 결국 이루시는 분입니다. 그래서 시작과 끝, 처음과 나중, 알파와 오메가이신 분입니다.

그런데 왜 우리에게 시간을 주셨을까요? 우리에게 항복할 기회를 주시기 위해서입니다. 에덴동산에서 아담에게 "선악과는 먹지 마라" 하고 선택의 자유를 주신 것 같이, 우리 인생에서 우리 선조가 선택한 불순종의 결과와 하나님의 약속인 예수 안에서의 승리를 대조하여 자발적으로 선택하게 한 후, 스스로 항복할 기회를 주시는 것입니다. 이것이 인류 역사요, 개인의 인생입니다.

그래서 우리 인생은 죄에서 출발합니다. 하나님은 우리가 하나님을 모르는 데서부터 출발하게 하십니다. 우리가 모태 신앙이든 중간에 믿었든, 지금 10대이든 20대이든 30대이든 간에 누구나 결국 이 문제로 주님과 대면하고 선택의 기로에서 항복하여 예수를 믿기로 작정하게 됩니다.

문제는 믿은 다음에도 여전히 헷갈리는 일이 많다는 것입니다. 세상의 창조주와 주인에 대한 믿음을 가지고 선택했음에도 우리는 세상살이에서 아무런 특혜를 받지 못합니다. 세상은 여전히 권력을 휘두르고 있고, 우리는 여전히 죄성을 지니고 있습니다. 선택과 믿음을 고백하며 살려고 하지만 우리가 그런 상태에 머물고 있기에 불안하고 후회스러운 인생만 계속되는 것 같습니다. 이런 지경에 있는 우리를 통해 하나님은 무엇을 보기 원하시는 것일까요? 우리의 항복입니다. 그 항복은, 세상이 우리에게 주겠다는 것과 하나님이 예수 그리스도를 통해 우리에게 주신 약속이 어떻게 다른지 우리 스스로가 경험을 통해 알게 될 때에야 할 수 있는 항복입니다. 골로새서 2장 12절을 봅시다.

> 너희가 세례로 그리스도와 함께 장사되고 또 죽은 자들 가운데서 그를 일으키신 하나님의 역사를 믿음으로 말미암아 그 안에서 함께 일으키심을 받았느니라 또 범죄와 육체의 무할례로 죽었던 너희를 하나님이 그와 함께 살리시고 우리의 모든 죄를 사하시고 우리를 거스르고 불리하게 하는 법조문으로 쓴 증서를 지우시고 제하여 버리사 십자가에 못 박으시고 통치자들과 권세들을 무력화하여 드러내어 구경거리로 삼으시고 십자가로 그들을 이기셨느니라 (골 2:12-15)

우리는 십자가를 예수의 고난과 그분의 비장한 순종으로만 기억합니다. 영화 〈패션 오브 크라이스트〉(The Passion of the Christ, 2004)에서도 그리스도의 고난, 십자가의 고통을 실감나게 그려 내 기독교인들의 눈물을 짜냈습니다. 그러나 십자가는 예수의 고통만 드러나는 자리가 아니라 진실이 드러나는 자리입니다. 세상의 실체, 세상의 거짓말이 드러나는 자리입니다. 세상은 모두를 사망으로 내몰 수밖에 없다는 것을 증언하는 자리가 십자가입니다.

이 세상에서 말하는 모든 약속은 결국 사망을 피하지 못합니다. 세상은 모든 가치, 모든 약속을 헛되게 하며, 모든 것이 헛될 수밖에 없는 곳으로 우리를 몰아갑니다. 하나님이 그리스도를 통해 보여 주시는 것이 그것입니다. 하나님은 구약의 이스라엘 역사와 신약의 교회 역사 내내 당신의 백성과 함께하시며 하나님의 성품에 참여하는 명예와 내용을 세상과 대조하여 보이셨습니다. 우리는 생애 내내 그것을 경험하게 됩니다.

3

우리는 하나님의 말씀을 따를 것이냐 세상을 따를 것이냐의 갈림길에서 번번이 세상에게 집니다. 그런데 지는 것으로 끝나게 하시지 않습니다. 지면 세상이 하는 거짓말이 무엇인지 알게 됩니다. 하나님이 그 일을 오히려 우리에게 인생의 기회로 주십니다. 우리는 실패하고 포기하고 살지만 하나님은 우리를 계속 몰아가십니다.

탕자의 비유를 생각해 봅시다. 작은아들이 집을 나가겠다고 하니까 아버지는 재산까지 주면서 보내 줍니다. 이 비유의 핵심이 무엇입니까? 탕자는 결국 무엇을 발견합니까? 세상은 소모되는 곳, 다 빼앗기고 망하는 곳이라는 것을 알게 됩니다. 세상은 생산력이 없습니다. 세상은 생산하지 못하며 가치를 만들지도 못하며 우리의 운명을 명예롭게도 복되게도 못합니다. 있는 것을 부패시키고 더럽히고 실패하게 하여 죽일 뿐입니다. 마지막에 탕자는 '내 아버지 집에 있는 품꾼들도 이것보다는 나았다. 아버지한테 돌아가서 품꾼으로라도 살아야겠다' 하는 마음으로 돌아옵니다. 돌아온 자식이 면목이 없어 "아버지여, 저를 품꾼의 하나로 삼으소서"라고 조아리는데 아버지는 "무슨 소리냐. 너는 내 아들이 아니냐. 내 아들이 돌아왔다. 송아지를 잡아라. 우리가 먹고 즐기자"라고 답합니다. 그랬더니 큰아들이 불만입니다. "재산을 다 말아먹은 녀석을 위해서 소를 잡았다고요? 나는 매일 아버지께 충성했는데 나를 위해서는 염소 새끼라도 잡은 적이 있습니까?" 아버지가 말합니다. "얘야, 내 것이 다 네 것이 아니냐." 하나님 편에 서 있는 것이 얼마나 큰 명예이고 위대한 일인지를 모르면 작은아들이 부럽습니다. 집 나간 동생은 이제야 겨우 세상이 어떤 곳인지 알았습니다. 세상이 무엇인지 그 실체를 보게 된 것입니다.

나이를 먹지 않으면 성숙한 신앙에 이르기 어렵다고 말할 수 있습니다. 20대, 30대에 순교해서 죽으면 그것으로 끝입니다. '예수, 예수' 하고 외치기만 하다 죽는 것이 대단한 것이 아닙니다. 여든 살쯤 되어 세상이 얼마나 거짓되었는가를 증언하는 일이 필요합니다. 나이를 먹으면 세상의 거짓이 겁나지 않습니다. 세상이 하는 일은 우리에게 망신을 주고 고통을 주고 끝내 죽이는 것이 다입니다. 세상은 그것밖에 할 수 없습니다. 십자가에서 드러난 것은 창조주이며 구세주인 분이 세상에 왔음에도 세상은 그에게 사망밖에는 줄 것이 없었다는 사실입니다. 십자가는 세상의 실상을 보여 준 자리입니다. "통치자들과 권세들을 무력화하여 드러내어 구경거리로 삼으시고 십자가로 그들을 이기셨느니라"(골 2:15).

작은아들이 재산을 달라고 하자 아버지는 "그래, 가지고 가라"라고 합니다. 그렇게 다 주시는 하나님과 그런 하나님을 못 박는 것밖에는 달리 할 수 있는 것이 없는 세상이 대조되는 것, 그것이 인생입니다. 하나님은 우리에게 이 대조를 경험할 기회를 허락하십니다.

예수는 우리가 범죄한 것 때문에 내줌이 되고 또한 우리를

의롭다 하시기 위하여 살아나셨느니라 (롬 4:25)

우리가 죄인이었을 때, 몰랐을 때, 구하지 않았을 때, 의로움을 우리 운명으로 정해 놓으시고 '자, 지금부터 살아 보자' 하고 시작할 수 있도록 주신 것이 오늘 우리에게 허락된 각각의 인생입니다. 우리는 이 운명을 가지고 아담의 선택으로 인한 죄인의 자리에서부터 삶을 시작합니다. 너무 일찍 정답에 이르지 않아도 됩니다. 지칠 때까지 허랑방탕할 수도 있습니다. 그리하여 인간의 가치와 하나님의 목적의 깊이와 무게를 뼈저리게 아는 자리까지 가십시오. 그래도 괜찮습니다. 인생을, 기독교를, 하나님이 예수를 시간 속에 보내셨고 십자가를 세우셨다는 것의 의미를 이해할 수 있게 될 것입니다.

결과를 다 알면서도 보는 사극의 묘미는 어디에 있을까요? 등장인물들이 어떻게 행동하든 결론은 바뀌지 않을 것입니다. 그러나 바뀔 수 없는 결과를 두고 그때는 왜 그랬는지 생각해 볼 수 있는 것이 사극의 재미입니다. 결과를 다 아는 우리는 그때 어떻게 했어야 하는지 보입니다. "결국 너희가 이길 거니까 거기서 너무 겁내지 말고 타협하지 말고 멋있게 굴어. 괜찮아. 네가 이겨" 하고 가르쳐 주고 싶습니다. 그러면 그들이 그때 멋있게 굴었을 텐데 말입니다.

우리가 사는 게 그런 것입니다. 사극처럼 번복할 수 없고 바뀔 수 없는 결과를 이미 아는 상태에서 과거로 들어가 보는 것입니다. 우리 인생은 처음과 나중이요 시작과 끝이요 알파와 오메가인 하나님의 손안에서 이루어진, 돌이킬 수 없는 구원을 운명으로 확보하고 살아가는 것입니다. 이것이 기독교 신앙의 놀라움입니다.

억울할 만큼 나쁜 조건 하나하나가 다 기막힌 컨텍스트이며 오히려 멋있게 굴 기회가 됩니다. 우리에게 주어진 기회가 무엇인지 아시겠습니까? 우리가 당하고 있는 현실 속에서 하나님이 우리에게 "너희는 멋있는 역을 해라"라고 하십니다. 이것이 우리에게 주어진 현실입니다. 그러니 에베소서 5장 18절에 나오는 "술 취하지 말라 이는 방탕한 것이니 오직 성령으로 충만함을 받으라"라는 말씀은 '너에게 준 시간 속에서 하나님의 자녀로 사는 것을 적극적으로 위대하게 해내라'라는 요구입니다. 삶은 잘잘못으로 평가되고 말 것이 아닙니다. 삶은 하나님이 예수 안에서 이미 확보해 놓은 승리를 누리고 증언하는 명예의 기회입니다. 하나님이 확보한 이 승리는 우리가 우리의 운명을 선택하는 책임 정도와는 비교할 수 없이 더 큰 것입니다.

로마서는 구원에 대해 한참 설명한 뒤에 12장에 이르러 우리의 운명으로 확보된 이 구원을 가지고 각자의 현실과 미래를 살아 내어 그 운명이 실현되는 위대한 길을 걸어갈 것을 요구합니다.

> 그러므로 형제들아 내가 하나님의 모든 자비하심으로 너희를 권하노니 너희 몸을 하나님이 기뻐하시는 거룩한 산 제물로 드리라 이는 너희가 드릴 영적 예배니라 (롬 12:1)

시간과 공간 속에서 각자의 현실을 살아 내십시오. 위대하게 될 기회를 놓치지 마십시오. 유명한 흑인 영가에서 순례자들이 노래하듯 말입니다. 'When the saints go marching in, I want to be in that number.' 성도들이 입성할 때, 나도 저 대열에 끼겠다, 이 고백을 하는 것입니다. 하나님이 일하여 만들어 놓으신 것이 지금은 비록 보이지 않고 미래로만 미루어져 있는 것 같은 현실 속에서 그 미래를 스스로 만들어 내는 기회를 살아 보라고 합니다. 어차피 이길 싸움을 하라는 것입니다. 우리의 몸으로 우리가 처한 구체적 시간과 공간 속에서 말입니다. 거울을 한번 보십시오. 이 눈, 이 코, 이 입, 이 몸뚱이를 가지고 매일 직면하는 현실, 매일 찾아오는 세상의 권세, 위협, 시험 앞에서 살아 보라는 것입니다.

매일 이길 필요도 없습니다. 구원에 동반된 과거의 감동만을 반추하여 추억하거나 다른 사람의 간증으로 대리만족하지 말고 또 나도 그랬으면 좋겠다고 다른 이들을 부러워하지 말고 실제로 역사를 만들어 가는 것같이 각자에게 주어진 기회를 살라는 것입니다. 로마서 말씀은 이렇게 이어집니다.

> 너희는 이 세대를 본받지 말고 오직 마음을 새롭게 함으로 변화를 받아 하나님의 선하시고 기뻐하시고 온전하신 뜻이 무엇인지 분별하도록 하라 (롬 12:2)

이제 지혜를 말합니다. 에베소서 5장처럼 이야기하면, 어리석지 마라, 잠에서 깨라, 술 취하지 마라, 시간을 허비하지 마라, 너희에게 준 시간을 명예롭게 써라, 져도 좋다. 만일 지게 되면 진 것이 내용이 되고 발판이 되도록 그냥 흘려보내지 마라, 라고 하는 것입니다.

각자 자신의 결정과 선택이 무엇인지 보고 자기 실력을 확인하십시오. 그리고 실력을 키우십시오. 해 보지 않고는 알 수가 없습니다. 말로 테니스를 치지 말고, 말로 축구를 하지 말고 나가서 직접 공을 대하십시오. 축구하다가 사람도 차고, 테니스 치다가 라켓도 던지고 하면서 실력이 느는 것입니다. 그래야 자기 실력이 됩니다. 말로 하는 경기가 아니라 자기 몸으로 해내는 경기를 해야 합니다. 누구도 대신할 수 없는 자기 경험으로 자기 실력을 쌓는 것입니다. 이것이 하나님의 창조, 하나님의 구원이 완성되는 과정이며 하나님이 우리에게 요구하시는 방법입니다. 이 과정을 멋지게 해내야 합니다.

그런데 우리는 늘 세상의 권력과 폭력과 시험과 위험 앞에서 세상의 약속들을 하나님의 약속과 위대함과 견주는 갈등을 겪습니다. 당연히 괴롭습니다. 이겼다 졌다를 반복하는데, 한 번 이기고 백 번 집니다. 그런데 그러면서 실력이 늡니다. 하나님이 십자가로 폭로하신 세상의 거짓됨을 깨닫게 됩니다. 실컷 경험해서 기꺼이 자발적으로 주 앞에 나를 맡기는 날까지 이르도록 하나님이 인생을 살아 보자고 하십니다.

사람은 은퇴해야 철이 듭니다. 현역일 때는 뭘 하고 있다가 은퇴해야 철이 들까요? 하나님의 답은 이렇습니다. "나는 사람을 써먹으려고 세우는 것이 아니라, 철들게 하려고 세운다." 하나님은 우리에게 문제를 해결하라고 인생을 주신 것이 아닙니다. 우리를 철들게 하려고 인생을 주셨습니다. 그 일이 이루어질 때까지 하나님은 타협하시지 않습니다.

구약 이스라엘 역사에서 가장 흥미진진한 것이 무엇입니까? 이스라엘 백성들을 출애굽 하게 하신 하나님이 그들을 바벨론에 다시 넘기신다는 점입니다. 성경은 이것을 심판이라고 부르는데, 이 심판은 멸망시키기 위한 것이 아닙니다. 정화하기 위한 것입니다. 이 심판은 사랑의 행동입니다. 하나님이 목적하신 것을 이루시기 위해 주시는 고난입니다.

 신약에서도 보았듯 교회는 늘 실패합니다. 그러나 교회는 시대마다 자기 몫을 감당합니다. 그것이 서신서에 기록되어 있습니다. 서신서의 내용은 대부분 꾸중이지만, 그것은 하나님이 부르신 자들, 승리할 수밖에 없는 자들에게 하시는 꾸중입니다. 우리가 받는 꾸중은 우리의 못난 것을 고치고 우리를 변화시키고 좋은 일을 하게 하는 그런 채찍질 정도가 아닙니다. 우리가 꾸중을 받는 시간은 하나님이 누구신가, 하나님 없는 것이 무엇인가를 확인하는 가운데 하나님에게 순종하고 하나님을 아버지라 부르는 것을 우리의 정체성에 녹여내는 시간인 것입니다. 죄 안 짓고, 욕 안 먹고, 불평 안 하고, 쓸모 있게 되는 정도가 아닙니다. 그 정도를 목표로 삼는 것은 기독교가 아니라 흔히 말하는 교훈입니다. 기독교는 효도하고 충성하고 의리 지키며 사는 도덕적 윤리적 가치를 훨씬 뛰어넘는, 거룩한 지혜와 능력과 의지가 담긴 하나님의 포기하시지 않는 정성입니다. 신자는 그런 요구를 받는 것입니다. 이것이 신앙인의 인생입니다. 3절을 보십시오. 할 수 있는 만큼 하라고 하십니다.

> 내게 주신 은혜로 말미암아 너희 각 사람에게 말하노니 마땅
> 히 생각할 그 이상의 생각을 품지 말고 오직 하나님께서 각
> 사람에게 나누어 주신 믿음의 분량대로 지혜롭게 생각하라
> (롬 12:3)

술 끊겠다는 친구들을 보면 늘 이렇게 이야기합니다. "오늘은
술 안 먹을 거야. 그냥 술집에서 만나 밥만 먹고 헤어질 거야."
그래서 술집에 가면 "기왕 만났는데 딱 석 잔만 하고 가자"라
고 하다가 석 잔이 세 병이 됩니다. 그러고 나서 다음 날 후회
합니다. "하나님, 왜 저를 가게 놔두셨습니까? 왜 거기 가는
버스가 그 시간에 오게 하셨습니까? 그리고 왜 돌아올 때 살
려 두셨습니까? 왜 그냥 놔두셔서 오늘 저를 울게 하십니까?"
그런데 이런 후회와 자책, 곧 자신의 한계를 직면하는 인식만
큼 인간성이 발전하고 채워지는 데 중요한 것이 없습니다.

인생의 목적은 단지 도덕적이고 유용한 존재가 되는 것에
그치지 않습니다. 하나님에게 항복하여 우리 자신을 하나님
의 것으로 채우는 기쁨을 누리는 자리까지 나아가야 합니다.
이것이 신자의 명예입니다. 그래서 인간은 하나님의 거룩과

영광에 동참하는 자발적 선택을 하라고 요구받는 것입니다. '너희는 내 자식이다. 기업을 이을 자다. 너희는 종이 아니다.' 예수님이 요한복음 15장, 17장에서 거듭 외치시는 소리입니다. "너희는 무흠하여 욕 안 먹으면 되는 정도로 만족해서는 안 된다. 하나님은 훨씬 더 깊은 것을 요구하신다. 하나님의 거룩하심에 동참해라." 이것이야말로 우리가 기대하는 그 어떤 영광, 그 어떤 복보다 더 큰 것입니다. 에베소서 1장의 표현대로 하자면, '하나님의 영광의 찬송이 되는 것'입니다. 이런 요구가 기독교 신앙의 약속에 담겨 있다는 사실을 기억해야 합니다.

해마다 나이를 먹듯이 신앙도 해마다 자랄 것입니다. 우리가 원하든 원하지 않든 하나님의 은혜와 성실한 일하심이 나날이 우리 안에 누적될 것입니다. 하나님의 영원하심과 불변하심과 하나님의 하나님 되심이 이 일을 이루실 것입니다.

모세가 호렙 산에서 하나님의 부르심을 받고 화를 낸 이유가 무엇입니까? 40년 전에 자신이 분연히 나설 때는 가만히 계시다가 왜 이제 와서 부르시냐는 것입니다. "하나님은 도대체 누구십니까?" 모세의 물음에 하나님은 답하십니다. "나는 나다. 나는 아브라함의 하나님이고 이삭의 하나님이고 야곱의 하나님이다. 어떤 사람의 생애에서든 어떤 나라의 역사에서든 나는 언제나 하나님이었다. 나는 하나님인 것을 중단한 적이 없다."

모세는 홍해 앞에 서서야 항복하게 됩니다. 홍해 앞에 섰을 때야 비로소 멋있어집니다. 하나님이 만나 주시지 않았던 광야 40년의 유예기간을 지나서야 그렇게 된 것입니다. 아무리 울부짖고 원망해도 그 자리였습니다. 그냥 그렇게 죽어 버릴 것 같고 포기해야 할 것 같은 날들이 모세를 만들었습니다. 그런 시간들이 모여 하나님의 일을 담을 수 있는 그릇이 된 것입니다.

성경에 의하면, 모세는 지면에서 가장 온유한 자였다고 합니다(민 12:3). 그것이 무슨 말일까요? 세상의 유혹과 위협을 넘어서게 된 것입니다. 세상은 결국 죄가 쌓인 곳에 불과하다는 것을 모세는 이미 보았기 때문입니다. 이제 모세는 세상의 거짓에는 겁을 안 내는 사람이 되었습니다. 죽는 것이 겁나지 않게 되었다는 것입니다.

각자의 실력만큼 하시고 그만큼 자라나십시오. 하나님은 일 하시다가 그만두신 적이 없습니다. 이것이 성경이 하고 싶은 이야기입니다. 하나님이 정하신 우리의 운명을 우리가 선택하고 살아 내어 하나님이 정하신 자리까지 가 보자는 것입니다. 그 과정에서 우리의 선택과 하나님의 결정 가운데 어느 것이 더 나은지, 우리 스스로 납득하게 될 것입니다. 그때까지 하나님이 놓지 않으실 테니 걱정 말고 가 보라는 것입니다. 이 것이 우리의 신앙 인생입니다.

4

우리가 쓸모 있어야만 하나님이 일하실 수 있다고 생각합니 까? 그렇게 이야기한다면 신성모독입니다. 하나님은 돌들로 도 찬양하게 하실 수 있습니다. 우리는 하나님의 뜻을 이루기 위해 필요한 존재가 아니라, 우리 자신이 하나님의 목적입니 다. 온 역사와 그 모든 정황이 우리를 위해 주어진 것입니다. 우리는 어려운 현실, 원망스러운 시대를 살지만 그런 조건들 이 다 제 역할을 합니다. 그 일들이 우리에게 위대할 기회를 열어 주고 있습니다. 우리의 실력만큼 마음껏 살아 낼 수 있습 니다.

세상에는 아무것도 담을 수가 없습니다. 잘한 것도 담기지 못합니다. 세상은 그 끝이 허무이기 때문입니다. 그러나 예수 를 믿는 것은 그렇지 않습니다. 예수를 믿으면 인격에, 인간의 가치와 명예와 위대함에 쌓이는 것이 있습니다. 쥐어짜서 쌓

이는 것이 아니라 어디에 다 담을 수가 없을 정도로 흘러넘치는 것입니다. 그것은 하나님을 아는 기쁨이요 자랑입니다. 다 표현할 수 없지만 실체인 것만은 분명합니다.

기뻐서 죽겠냐고요? 그렇지 않습니다. 힘들어 죽겠습니다. 그러나 우리 마음에 있는 이 위대함을 빼앗아 갈 자가 없습니다. 조마조마하고 불안하고 고통스럽지만 위대한 것입니다.

하나님의 성육신이 베들레헴 말구유에서 드러났습니다. 유진 피터슨의 말대로 신비와 기적이 가장 평범한 데 담깁니다. 말구유에 담긴 기적이 얼마나 놀라운 것입니까? 누가 그 기적을 원했겠습니까? 창조주가 피조계의 보호를 필요로 하는 존재로 말구유에 누워 있습니다. 하나님이 시간과 공간과 육체라는 제한을 가진 피조물의 지위로 오셔서 그 안에 무한을 담습니다. 무한이 유한에 들어오는 구체적 모습입니다. 우리로서는 상상할 수도 없는 일입니다.

우리도 각자의 인생 속에서 각각의 특수한 조건 속에 담기는 하나님의 무한을 배웁니다. 각자 마땅히 생각할 것 이상의 생각은 품지 마십시오. 각자의 조건 속에 매여 계십시오. 우리가 지금 해야 하는 것과 할 수 있는 것에 충실하십시오. 그리고 거기서 고뇌하고 최선을 다해 싸우고 시험받고 울고 후회하고 원망하는 일을 겪어 내십시오.

우리가 한 몸에 많은 지체를 가졌으나 모든 지체가 같은 기능을 가진 것이 아니니 이와 같이 우리 많은 사람이 그리스도 안에서 한 몸이 되어 서로 지체가 되었느니라 우리에게 주신 은혜대로 받은 은사가 각각 다르니 혹 예언이면 믿음의 분수대로, 혹 섬기는 일이면 섬기는 일로, 혹 가르치는 자면 가르치는 일로, 혹 위로하는 자면 위로하는 일로, 구제하는 자는 성실함으로, 다스리는 자는 부지런함으로, 긍휼을 베푸는 자는 즐거움으로 할 것이니라 **(롬 12:4-8)**

이 말씀은 우리에게 자기 분수를 넘지 말라고 권면합니다. 다르게 말하면, '너희가 지는 책임은 무한책임이 아니다. 너희가 할 수 있는 것까지 해라'라는 것입니다. 하나님이 일하고 계십니다. 우리의 반응과 책임으로 하나님의 일이 실현되는 것이 아닙니다. 하나님이 당신의 뜻을 다 이루십니다. 그런데 우리가 그 일의 목적이기 때문에, 하나님이 만족하실 만한 수준에 오도록 붙잡힌 것입니다. 우리가 그 일에 쓸모가 있느냐 없느냐는 그다음 문제입니다. 우리 각자가 하나님이 목적하시는 대상입니다. 이 사실을 기억하십시오. 그러므로 각자에게 주어진 몫, 할 수 있는 것을 하십시오. 할 줄 아는 것을 하고 할 줄 모르는 것은 못하는 것입니다. 더 잘하고 싶은데 잘

안 되는 것은 기를 써서 잘하려고 애써야 합니다. 그래서 과장도 하고 헛다리도 짚고 넘어지기도 합니다. 그것이 인생입니다. 그것들을 통해 배웁니다. 성경의 약속대로 하나님은 그렇게 우리를 채워 가십니다. 로마서 8장 28절에 약속되어 있습니다.

> 우리가 알거니와 하나님을 사랑하는 자 곧 그의 뜻대로 부르심을 입은 자들에게는 모든 것이 합력하여 선을 이루느니라
> (롬 8:28)

하나님의 일은 우리가 잘하고 못하고에 매이지 않습니다. 하나님은 당신이 목적하신 것을 우리의 실패 속에도 담을 수 있다고 이야기하십니다. 세상이 가진 사망이라는 권력마저 뒤집으시기 때문입니다. 간증은 이 사실을 고백하는 것입니다. 우리는 나중에 하나님이 우리의 생애를 처음부터 끝까지 붙잡고 이끌어 왔다는 것을 알게 됩니다. 우리의 실패로 하나님의 일이 실패한다면 십자가 사건은 진작 취소되었을 것입니다. 십자가를 과거 역사에다 심어 놓아 취소될 수 없게 한 것은, 하나님의 뜻이 번복될 수 없도록 못 박아둔 조치입니다. 우리에게 주신 역사적 증언입니다. '십자가는 취소될 수 없

다. 나는 실패할 수 없다'라고 선포하셨습니다. 하나님은 우리에게 이 세상의 권력, 구조 속에서 일하자고 하셨습니다. 그래서 박해하는 자를 축복하고 저주하지 말라고 하십니다. "너희를 박해하는 자를 축복하고 저주하지 말라"(롬 12:14). 그들로 인하여 우리 인생이, 우리의 운명과 우리의 자랑이 방해받을 수 없습니다. 그러니 걱정하지 마십시오.

우리가 늘 멋있을 수는 없습니다. 그러나 하나님이 우리의 어떤 조건이나 선택 속에서도 일하시며 우리에게 괜찮다고 하시니 이제는 의무감에 매이지 않고 신앙생활을 잘해야 합니다. 신앙생활은 명예로운 것이기 때문입니다.

5

성령 충만을 받으라고 이야기하는 것은, 마음에 모든 의심이 사라지고 후회와 자책이 없고 기쁨만 충만하여 확신을 가지고 쳐다보기만 해도 모든 일이 해결되게 하기 위해서가 아닙니다. '너희 인생이 기회인 것을 기억해라, 잘 살아라, 져도 된다, 잘못해도 된다, 그러나 그것 하나하나 제대로 마음에 담아라, 생각 없이 지나가지 마라, 깨어라, 깨어 있어라, 생각하고 있어라, 곧 술 취하지 말라'라는 것입니다. 술 취해서 방탕한 것이 무엇입니까? 정신을 놓는 것, 깨어 보니까 시간이 지나가 버린 것입니다. 그렇게 살지 말라는 것입니다. 그것 말고 위대한 길을 선택하라고 하십니다.

세상의 실체에 직면해야 합니다. 세상의 실상은 거짓입니다. 세상이 우리에게 만들어 줄 수 있는 것은 없다는 사실을 알아야 합니다. 그것을 아는 데는 시간이 걸립니다. 젊은 나이에는 이 사실에 쉽게 항복하지 못합니다. 그 시간을 잘 겪어 내며 무엇이 멋있는 것인지 보십시오. 그러면 나이가 들어 증언할 수 있을 것입니다. 하나님이 인생을 헛되게 하시지 않았다고 증언할 수 있습니다. 이 증언에 이를 때까지 옆에서는 기다릴 줄 알아야 합니다.

어른이 가지는 최고의 덕목이 무엇입니까? 젊었을 때는 가질 수 없는 것, 곧 포용과 관용입니다. 자식들을 포용하고 기다려 줄 수 있게 됩니다. 세상은 기다리는 것을 초조해 하지만, 믿음으로 이 자리에 오면 기다릴 수 있습니다. 시간이 헛되이 흐르지 않는다는 것을 알기 때문입니다. 나이가 들면 용서하고 기다릴 수 있습니다. '괜찮다'는 말을 할 수 있습니다. 감추어져 있고 아무것도 아닌 것 같고 가리어지고 힘을 쓰지 못하는 것처럼 보이는 곳에서 하나님이 일하신다는 것을 알기에 그렇습니다.

우리는 하나님이 우리 생애 속에서 우리를 붙들고 하시는 그 모든 씨름을 성의 있게 직면하여 소홀히 넘기지 말아야 합니다. 그렇게 제대로 나이를 먹어야 합니다. 제대로 나이 먹어라, 지금 그 나이가 제일 중요하다, 현재를 제대로 살아라, 라고 하나님이 말씀하시고 있습니다. 옳고 모범적이기만 하면 그만이라는 생각을 넘어서야 합니다.

'너희를 박해하는 자를 축복하라. 축복하고 저주하지 말라.' 이 말씀에는 '원망하지 마라. 저주하지 마라. 괜찮다'라는 의미도 담겨 있습니다. 하나님은 우리를 결국 명예로운 자리, 위대한 자리, 세상이 만들지 못하는 존재로서 증언하는 자리에 이르게 하실 것입니다.

돌아보면 그때 더 멋있게 굴어 볼 걸, 하는 생각이 가득합니다. 그러나 그때는 그럴 수밖에 없었을 것입니다. 더 사십시오. 오래 사십시오. 하나님이 우리에게 채우시는 것이 우리와 우리 시대에, 역사와 인류에게 복이 될 것입니다. 인생을 살아 내서 기적을 경험하게 될 것입니다. 히브리서 11장의 증언을 보십시오.

이 사람들은 다 믿음으로 말미암아 증거를 받았으나 약속된 것을 받지 못하였으니 이는 하나님이 우리를 위하여 더 좋은 것을 예비하셨은즉 우리가 아니면 그들로 온전함을 이루지 못하게 하려 하심이라 (히 11:39-40)

매우 놀라운 증언입니다. 우리가 구원받지 않았다면 아브라함은 믿음의 조상이 되지 않았을 것입니다. 유대 민족의 후손으로 예수가 오시지 않았다면 모세는 민족을 구한 영웅이 될 수 없었을 것입니다. 과거가 미래를 결정짓지 않고 미래가 과거를 완성합니다. 이런 시간의 반전, 역전을 알아야 합니다. 우리에게 일어난 일들이 이제껏 일어난 인류 역사의 일들을 마무리하는 역할을 할 것입니다.

개인으로 말하자면, 나이가 들어서 하는 간증이 과거를 완성할 것입니다. 과거의 잘못에 대해서도 '그때 그게 나를 이렇게 키웠어'라고 말하게 될 것입니다. 철없이 굴어서 자초한 절체절명의 위기가 어떻게 지금의 나를 만들었는가를 이야기하며 그것이 없었으면 지금 이 자리에 올 수 없었을 것이라고 고백하게 될 것입니다. 그것은 분명 비극이었고 재앙이었는데, 지금은 나를 구원하고 나를 위대하게 만든 것이 됩니다. 신앙 안에서만 일어나는 놀라운 일입니다.

세상에서는 잘돼서 망한 것이 한둘이 아닙니다. 잘해서 성공했으나 결국 허무로 끝납니다. 오히려 잘된 일로 망합니다. 하나님이 그 일에 은혜를 담지 않으시면 잘한 것도 패망이 됩니다. 물론 못한 것도 패망이 됩니다. 그러나 하나님이 은혜를 담으려고 하시면 우리에게 일어나는 어떤 재앙도 재앙으로 끝나지 않습니다.

그러니 이제 우리는 우리의 인생에서 얼마든지 자유롭게 선택할 수 있습니다. 잘되는 길이 아니라 '지금은 어떻게 해야 하는가'를 생각할 수 있습니다. 성경이 우리에게 가라고 열어 놓은 길은 다 명예로운 것입니다. '너희는 더러운 말을 입에 담지도 마라. 덕이 되는 말을 해라. 너희는 용서하고 인내해라.' 다 명예로운 것입니다. 그것을 행하는 위대한 인생을 사십시오. 명예에 걸맞은 선택을 하십시오. 믿음은 명예입니다. 믿음은 하나님의 방법이면서 인간의 선택입니다.

우리 앞에 이 선택이 놓여 있습니다. 세상이 여태껏 우리에게 가르쳐 준 것은 살기등등하여 얕보이지 않고 약삭빠르게 굴어야 하는 선택이었습니다. 그러나 그와 다른 위대한 선택이 있습니다. 그 선택을 하십시오. 다른 이들에게 좋은 말을 하고 예의를 갖추고 멋있게 구십시오. 멋있게 행동할 기회가 수도 없이 많습니다. 그렇게 하면서 무엇이 위대한지, 가치 있는지 배우십시오. 우리 인생에 수많은 선택과 경우가 주어지고 있는데 우리는 그것들을 다 놓치고 있습니다. '술 취하지 말라. 이는 방탕한 것이니 오직 성령으로 충만함을 받으라.' 얼마나 기회가 많습니까. 작은 것부터 하나씩 해 보십시오. 할 일이 많습니다. 인사하고 웃어 주고 잘 들어 주고 예의를 갖추고 상대방을 귀하게 여기는 것으로 시작할 수 있습니다.

기도

하나님 아버지, 우리 앞에 얼마나 영광된 기회와 인생이 놓여 있는지요. 하나님을 안다는 것이 무엇인지요. 예수께서 십자가를 지셨다는 것이 얼마나 굉장한 것인지요. 매일의 삶 속에서 우리 앞에 놓여 있는 길입니다. 위대한 인생을 살게 하옵소서. 예수를 믿는 자랑과 기쁨을 누리게 하옵소서. 실컷 보는 세상의 거짓된 것을 극복하게 하옵소서. 예수님 이름으로 기도합니다. 아멘.